制造业的"愚公移山"：

企业知识

创新隧道的建设机制研究

陶 娜 著

陕西新华出版
陕西人民教育出版社
·西安·

图书在版编目(CIP)数据

制造业的“愚公移山”：企业知识创新隧道的建设机制研究 / 陶娜著. -- 西安：陕西人民教育出版社，2024. 6.

ISBN 978-7-5757-0179-2

Ⅰ. F426.4

中国国家版本馆 CIP 数据核字第 2024AF0240 号

制造业的“愚公移山”：企业知识创新隧道的建设机制研究

ZHIZAOYE DE YUGONGYISHAN QIYE ZHISHI CHUANGXIN SUIDAO DE JIANSHE JIZHI YANJIIU

陶　娜　著

出 品 人　李晓明　叶　峰

出版发行　陕西人民教育出版社

地　　址　西安市丈八五路 58 号

邮　　编　710077

经　　销　各地新华书店

印　　刷　陕西金和印务有限公司

开　　本　787mm × 1092mm　1/16

印　　张　18.25

字　　数　300 千字

版　　次　2024 年 6 月第 1 版

印　　次　2024 年 6 月第 1 次印刷

书　　号　ISBN 978-7-5757-0179-2

定　　价　58.00 元

前 言

党的十九届五中全会强调坚持创新在我国现代化建设全局中的核心地位，把科技自立自强作为国家发展的战略支撑。中国制造业大而不强的问题始终没有得到解决，处于全球制造业、产业链和价值链的中低端。技术创新突破制造业产业链陷入低端路径锁定，是实现国家和区域发展的重要引擎，技术创新一直被认为是企业商业价值、绩效和生存的关键因素之一。近年来，信息技术发展随着大数据、云计算、物联网、人工智能等的发展一路高歌猛进，吹响了制造业再次腾飞的号角。在全球制造业面临结构调整的大背景下，中国制造业也亟待通过创新实现转型升级。科技制造作为新一轮科技革命的核心，是我国加快发展方式转变、促进工业向中高端迈进、建设制造业强国的重要举措。如何进一步加快从“制造”向“智造”转变的步伐，成为当前中国制造业转型升级所面临的瓶颈问题。

在创新驱动发展的时代背景下，随着时代跃迁和国际复杂环境的变化，知识创新生态系统作为探究创新主体之间、创新主体和创新环境之间相互作用问题的复杂系统应运而生。对制造企业而言，高度的互联互通使得独享、个体和垂直的三大权利正在向包容、社会和水平的状态转变，企业的创新边界逐渐模糊，企业处于一个完全开放的创新生态中。知识创新生态系统的目的是在参与者之间共同创造价值，相互作用和交换价值。尤其工业 4.0 提出构建复杂的相互关联的数字技术、信息系统和处理技术系统，需要高度相互依赖的能力和技术互补性。技术平台支持信息共享，从“集体情报”或“群体智慧”中创造生态系统价值。

尤其是在“知识经济”时代，产品和服务创新基于创造新的市场并创造增长机会已经成为企业生存和发展的关键战略，因此知识已成为创新和发展的关键资源。在经济全球化、产业一体化和技术快速变革的背景下，新技术的复杂程度以及迭代速度越来越高，知识模块化日益凸显，企业的生存环境变得尤为复杂，企业面临的不确定性增强。企业的重点已从单个产品和服务转移到复杂的价值主张中，外部创新变得尤为重要，企业在创新过程中对外部知识的依赖性增强。因此，知识的获取、转移、共享和管理已成为现代企业实现技术创新和获得竞争优势的必要条件。

在上述背景下，本书以制造业为研究对象，提出了制造业如何通过知识创新隧道的建设克服目前存在的创新困境，即“制造业的‘愚公移山’：企业知识创新隧道的建设机制研究”。首先，笔者研究了制造业知识创新隧道的建设基础。从产业链、技术链、创新链和价值链四个维度分析了制造业的现状和存在的问题，分析了制造业知识创新隧道建设的必要性。基于间接网络效应的纽带关系，分析了研发服务双引擎结构的配置机理，提出了制造业知识创新隧道建设的基本结构。在知识创新隧道建设基础之上，分析了知识创新隧道的动力分析。接着从知识创新隧道双引擎的路径建设的必要性以及路径的建设展开研究，进一步推进双引擎的基本要素、相应的知识滞留以及双引擎结构地图的建设。然后分别围绕双引擎的内部作用机制展开研究，引擎 1 围绕绩效评价以及容忍区模型展开研究,引擎 2 围绕其内部的作用机理以及核心系统展开研究。在双引擎分析的基础上，从技术端向市场端迁移，引入消费者作为知识创新隧道的建设力量，分析了消费者参与制造业知识创新隧道建设的两阶段模型以及相关的内在机理。最后，从制造业知识创新隧道的主体结构、主体结构的受力分析以及知识创新隧道的系统结构分析了制造业知识创新隧道的结构体系，并提出了相关的政策建议。

目 录

CONTENTS

第一章 | 企业知识创新隧道的建设基础

第一节 制造业的现状分析 /3

第二节 企业知识创新隧道建设的必要性分析 /11

第三节 企业知识创新隧道建设的基本结构 /13

第四节 本章小结 /21

第二章 | 企业知识创新隧道建设的动力分析

第一节 基本概念 /25

第二节 关键路径分析 /30

第三节 实证分析 /33

第四节 本章小结 /38

第三章 | 企业创新隧道建设双引擎的路径建设

第一节 双引擎路径建设的必要性 / 41
第二节 双引擎路径建设的风险 / 44
第三节 双引擎的路径研究 / 47
第四节 双引擎的变迁模式 / 56
第五节 本章小结 / 59

第四章 | 企业知识创新隧道建设双引擎结构体系

第一节 双引擎的基本要素 / 63
第二节 双引擎的知识滞留 / 69
第三节 双引擎的结构地图 / 75
第四节 本章小结 / 81

第五章 | 企业知识创新隧道建设引擎1的绩效评价

第一节 引擎1的感知质量概念模型 / 85
第二节 引擎1的绩效评价模型 / 101
第三节 引擎1绩效评价模型实证分析 / 105
第四节 引擎1的感知质量提升的对策建议 / 117
第五节 本章小结 / 119

第六章　企业知识创新隧道建设引擎1的容忍区模型

第一节　引擎1的容忍区模型的现实依据　/123
第二节　引擎1的容忍区模型构建　/125
第三节　引擎1容忍区模型的实证分析　/128
第四节　引擎1容忍区宽度缩减的对策建议　/139
第五节　本章小结　/142

第七章　企业知识创新隧道建设引擎2的内部作用机理

第一节　引擎2的机理背景含义　/147
第二节　引擎2的内部机理模型　/154
第三节　引擎2内部机理模型的实证分析　/160
第四节　引擎2作用的提升策略研究　/178
第五节　本章小结　/181

第八章　企业知识创新隧道建设引擎2的核心系统

第一节　引擎2核心系统建设的必要性　/185
第二节　引擎2核心系统模型　/187
第三节　引擎2核心系统模型的实证分析　/196
第四节　引擎2核心系统框架　/207

第五节　本章小结　/ 209

第九章　消费者参与企业知识创新隧道的建设

第一节　消费者参与创新隧道建设的必要性　/ 213
第二节　消费者参与企业知识创新隧道建设的两阶段模型构建　/ 215
第三节　一阶段模型的实证分析　/ 226
第四节　二阶段模型的实证分析　/ 239
第五节　提升消费者参与知识创新隧道的对策建议　/ 249
第六节　本章小结　/ 253

第十章　企业知识创新隧道的结构体系

第一节　知识创新隧道的主体结构　/ 257
第二节　知识创新隧道建设的"五力"分析　/ 264
第三节　知识创新隧道的系统结构　/ 266
第四节　企业知识创新隧道建设的政策建议　/ 268
第五节　本章小结　/ 272

参考文献　/ 274

第一章

企业知识创新隧道的建设基础

本章主要研究制造业的知识创新隧道的建设基础。首先，从产业链、技术链、创新链和价值链四个维度分析了制造业的现状和存在的问题，进而进行了制造业知识创新隧道建设的必要性分析。本章基于间接网络效应的纽带关系，构建了研发服务市场中的间接网络效应模型，并基于间接网络效应重点研究了研发服务双引擎结构的配置机理，提出了制造业知识创新隧道建设的基本结构。在此基础上，分析了研发服务双引擎的作用机制，通过研发服务双引擎结构配置及作用机制的研究，减少成果转移中的知识转移及知识应用障碍，成功打通制造企业的知识创新隧道。

第一节　制造业的现状分析

一、知识转移

国家创新能力是指一个国家将创新技术长期持续投入生产和商业化的能力，它取决于国家通用创新基础设施的强弱、国家产业集群创新环境的强弱，以及两者之间的关系强弱。制造业发展的特点是技术和知识密集，产品附加值高，辐射关联度强。制造业的发展是世界各国竞争和发展的战略高峰。随着经济和技术的发展，制造业强国逐渐将部分低附加值的加工制造、劳动密集型制造业务转移到发展中国家，并掌握了本国关键零部件的核心研发技术。金融业发展虚拟化程度超过实体经济创造的价值，造成金融市场通货膨胀，实体经济发展空心化严重。制造业强国从“工业化”的角度出发，通过科技创新寻找制造业竞争力的路径，完善传统制造业，促进产业升级，占领新一轮工业革命制高点，通过“工业化”再次拉开与发展中国家的差距，进一步促进其经济社会发展，增强其在国际制造业中的竞争力。

世界制造业的基本格局是，美、日、德、法、意、英等主要发达国家仍掌握着世界制造业的发展方向和最具竞争力的核心技术，产值占比达 70%。近年来，中国制造业是我国重要的基础产业，得到了国家产业政策的大力支持和发展。基本形成了产业门类齐全、具有一定规模和技术水平的工业体系，在世界制造强国中占有一席之地。目前，中国制造企业面临着低成本优势不断减弱和竞争优势不断形成的困境。在进一步建设中国创新基础设施实力和产业集群创新环境中，实现科技创新与制造企业转型升级的深度融合，将激发中国制造企业创新的内生动力，推动中国制造业由大到强发展。加快中国制造业产业结构升级，提高企业自主创新能力，推动中国经济增长由资源依赖型向创新驱动型转变，走出产业发展新路径，是实现中国经济平稳发展的必然选择。

近年来，信息技术发展随着大数据、云计算、物联网、人工智能等的发展一路高歌猛进，吹响了制造业再次腾飞的号角。在全球制造业面临结构调整的大背景下，中国制造业也亟待通过创新实现转型升级。习近平总书记强调：我们的制造业是世界上最大的，“大”和“全”有了，在“高、精、尖”方面还有不少短板，还是要继续攀登。通过技术创新、产业创新、转型升级，把我们国家的制造业搞上去，把实体经济搞上去。科技制造作为新一轮科技革命的核心，是我国加快发展方式转变、促进工业向中高端迈进、建设制造业强国的重要举措。如何进一步加快从“制造”向“智造”转变的步伐，成为当前中国制造业转型升级所面临的瓶颈问题。

当前，我国总体上已经进入工业化后期。目前的布局结构为“制造大国”，与“制造强国”还有一定的距离。制造业的发展存在着一些亟待解决的突出问题：企业的创新能力不强，原始创新、核心攻关和基础研究的基础较为薄弱。制造业的产品同质化、产能过剩，许多行业产能过剩问题仍然比较突出，制造增加值的模块不突出，没有形成持久优势。先进制造业和服务业的产业融合度不高，制造业在产业链中处于“U”型曲线底端，距离两端高附加值的产业距离较远。制造业的制度交易成本较高，一些深层次的体制性问题没有得到根本解决。制造业在全球产业链和价值链处于中低端环节，攀升的源动力不足。这些问题导致制造业与制造智能化、智能生态化与智能人本化的目标之间的鸿沟愈来愈大。

当前，我国正处于新一轮科技革命与制造业发展模式转变的历史交汇期，我们应抓住机遇，以科技革命作为制造业发展的驱动轮，为制造业的高质量发展注入强大的动力和活力。基于强大的动力机制，去对制造业发展的传统路径进行变迁，实现产业变革，突破技术瓶颈，最终实现制造业在国际分工中的产业链和价值链的持续攀升。

创新水平较弱：根据调研发现，制造业拥有一定的技术储备和技术创新能力，但技术创新能力还需进一步强化。首先，从产业链的分布情况看，被调研企业处于产业环节的中游或者下游，大多数属于装配性质，存在一定数量的简单加工制造，企业生产设备及生产线的自动化水平不高，无法满足客户更高的需求。企业缺少关键零部件的生产和研发，其加工生产的关键技术多是国外企业所掌握，企业没有形成技术创新优势。从企业技术和管理方面看，企业技术创新的动力不足，技术创新的主要模式为基于模仿的改进，引进消化吸收再创新以及集成创新，原始创新的能力不足。企业没有形成富有竞争力的研发团队，技术储备能力不足。

产能过剩：产能过剩的影响因素为企业的技术创新能力、行业的固定资本密集度以及产业集中度。当企业的技术创新能力较弱时，此时企业之间的竞争的焦点为资源的投入、产出的数量以及价格竞争等维度，这种竞争模式直接加剧了需求和供给之间的鸿沟。当行业的固定资本密集度越大，相比劳动资本密集度大的行业，最低生产成本的供给与实际供给之间的差额较小，意味着高的固定资本密集度使得市场的灵敏性脱敏，导致产能过剩。制造业的产业集中度较低，特别是许多行业由于体制方面的原因，在市场竞争中无法实现资本和品牌的有效集中，跨部门、跨行业、跨所有制的重组由于体制改革的滞后难以实现，产业竞争过度应用而生，有效需求和有效供给不能协同增长，产能过剩相继发生。

产业的融合度不高：当前，我国先进制造业和现代服务业融合的程度偏低，融合机制尚未形成，融合效应不明显。在产业融合的三种模式（先进制造业服务化，现代服务业向制造业拓展延伸以及先进制造业和现代服务业双向深度融合）下，首先，先进制造业的服务化水平不高，我国制造业投入服务化的水平大约为10%，同期美国大约为16%；我国先进制造业在投入环节对现代服务业的需求水平大约为4%，而同期美国大约为7%左右。其次，现代服务业向制造业延伸广度和深度不够。无论是从现代服务业的增长反向促进制造业的增长还是服务业沿产业链方向促进制造业的增长，其拓展的广度和深度都不明显。最后，先进制造业和现代服务业双向深度融合程度也不够，主要表现为服务制造平台和制造服务平台数量的匮乏以及功能的单一性。

制度交易成本高：企业的制度性交易成本主要源于政府制定的各种制度工具所带来的成本。具体表现为政府、市场、企业以及社会四个主体之间的职责边界较为模糊，前置审批过多、市场准入门槛过高、行政性垄断过多等，为企业的发展设置了诸多的障碍，严重制约了制造业的发展。

产业链的中低端：伴随着制造业向资本密集型和知识密集型的转变，我国制造业在劳动力等传统比较优势正在弱化，加之我国先进制造业和现代服务业融合的程度偏低，制造业沿价值链攀升和融合发展的能力不足。目前在发达的制造业国际分工中，产品在生产过程中占用的时间不到全部循环过程的 5%，其余 95%以上的时间处于流通环节。产品的增加值部分主要发生在产业链上游的研发设计环节和下游的售后服务环节，制造业的产品附加值差距不断扩大。

上述特点之间的相关关系体现为：创新水平的弱化为源头，创新水平不高直接导致了产能过剩，在弱化的创新水平到产能过剩的传导路径上，高的制度交易成本以及产业的融合度不高更是加剧了影响程度，最终形成的框架为我国制造业在全球产业链的位置处于中低端。

基于产业链、技术链、创新链和价值链，笔者对西安市制造业企业创新驱动发展现状进行了调查。本章从产业链的地位、利润和结构三个方面分析了我国产业链的现状。从技术创新的形式、技术创新失败的原因、技术研发的平台三个方面分析了技术链的现状，从创新战略、创新合作和技术交易市场三个方面分析了我国创新链的现状，从市场结构、增值现状和增值战略三个方面对最终价值链的基本构成进行了梳理。具体子模块和数据如表 1-1 所示。

表 1-1 企业技术创新现状

产业链			技术链			创新链			价值链		
产业链位置	原材料市场	12%	技术创新形式	产学研合作创新	20.34%	创新战略	战略稳定性	53.5%	市场结构	行业龙头企业	47.51%
	中间市场	48.8%		自主创新	28.12%		战略的调整性	46.5%		核心配套企业	30.43%
	终端市场	39.2%		集成创新	31.7%	创新合作	目标具体性	21.5%		外围配套企业	22.06%
产业链收益	原材料环节	22.2%		基于模仿的改进	19.84%		合作动力	33.2%	增加值	外购	24.9%
	核心零部件环节	56.3%	技术创新失败原因	不能取得预期的技术成果	42.6%		合作障碍	45.3%		自产	32.6%
	装配环节	21.5%		研发费用超标	23.8%	技术市场	推荐合作创新机构	26.7%		销售额	42.5%
产业链结构	产业链结构的集成度	27.8%		不满足市场需求	33.6%		鉴定高质量研发成果	15.5%	增加值策略	创新人才的引进	18.0%
	产业链功能的协同性	26.6%	研发平台	平台级别认定	23.2%		识别创新风险	15.1%		产业结构的科学分布	16.3%
	产业链创新的空间	24.5%		平台级别的影响	18.9%		公平交易价格	22.2%		加强产学研合作	26.8%
	产业链的融合	21.1%		未来结构	57.9%		政策支持	20.5%		开发新产品	38.9%

基于以上研究，在实现创新驱动发展的过程中存在以下问题：

企业技术创新水平不足。大多数企业没有独立的研发部门和专业的研发人员，技术要求低，只要技术创新和技术研发符合国家标准，就足够了。技术创新的主要途径是模仿改进、引进消化吸收和集成创新。缺乏原始创新，难以形成技术创新优势。从产业链的分布来看，制造业企业处于产业环节的中下游，中间部分主要是零件加工或系统集成。大多数企业属于装配企业，技术要求较低。每个子行业都有一定数量的简单加工制造，主要是基于成本优势的加工生产，企业缺乏技术创新意识。公司缺乏高端科技人才、技术带头人和研发项目管理人才，以及具有竞争力的研发团队。公司技术储备不足，技术难题难以攻克或研发速度缓慢，无法满足客户对新产品的需求。

产业链碎片化严重。从产业链分布来看，西安市制造业企业大多处于产业链中下游。中游制造业主要是零件加工装配或系统集成。除了核心零部件的加工生产外，大部分企业属于装配企业。产业链与供应链不同步。一方面，制造业细分行业中分布的企业数量较少，产业链缺乏龙头企业，无法形成完整的制造业产业链。另一方面，龙头企业对当地中小企业的辐射带动作用较小，呈现“企业孤岛”。

产学研合作创新不足。企业、高校、科研院所的合作机制不完善，缺乏有效的协同创新合作机制。企业认识到产学研合作在技术创新中的重要性，但对高校和科研院所的研究内容不了解，成果不适用，技术成果难以识别，企业之间倾向于技术交易。企业对产学研合作创新技术的产业化应用存在困难：由于该技术从实验室研发到应用生产还需要一个中试过程，需要产学研合作，需要高校和科研院所为企业提供相关技术服务。

第二节　企业知识创新隧道建设的必要性分析

信息时代已经到来，全球经济逐渐向知识经济转变，因此知识创新的重要性不言而喻。环境的不确定性表现在由于竞争而导致的不确定性和由于模糊性而带来的不确定性，在动态的不确定环境下，技术更新速度加快，学习已成为企业得以生存的根本保证，组织成员获取知识和使用知识的能力成为组织的核心技能，知识已成为企业获取竞争优势的基础，成为企业重要的稀缺资产。全球化经营要求企业具有交流沟通能力以及知识获取、知识创造与知识转换的能力。知识创造、知识获取和知识转换依赖于企业的学习能力，学习是企业加强竞争优势和核心竞争力的关键。

在这种时代背景下，如何才能将现有的知识资源转化为创新动力对于每一个企业来说都是一次挑战。国内外一些学者称知识创新是指经过科学的论证和研究获得基础科学和技术科学新知识的过程，这一获取新知识的过程有多种完成方式。知识创新对企业来说的重要程度不言而喻。自“创新理论”提出后，一些学者在此基础上也提出了许多关于创新的概念。而知识创新的概念则首先是由 Emitton 提出，他认为企业可以通过对其现有知识的改造、交换和应用，并结合市场实际情况，转变知识形式或增添新的内容，从而形成企业独特的知识产品或知识服务，满足目标消费者需求，推动企业的发展。

组织知识创新的概念范围很大且学术界没有明确界定，但根据 Kin 的观点，组织知识创新有三个不同的含义，第一，组织知识创新在这一意义上与发明的含义一样，即是一个产生新配置的创造性过程；第二，组织知识创新可以被视为产生新创意；最后，也有研究认为组织知识创新是被个人或社会所接受的、发展和执行新创意的过程。从创新的动机角度来看，知识创新主要有五个动机，一是探索新规律，二是追求新发现，三是创造新方法，四是创立新学说，最后是积累新知识，知识创新不仅强调“新”，新知识应用价值也同样被强调。基于上述观点，本书认为，知识创新可以视为企业通过对来自企业内外部的知识资源进行整合、吸收、利用，以改进企业的产品和服务形式，使其不断地满足消费者的需求，吸引和维持消费者的兴趣，从而获得和维持企业的竞争优势的一种活动。

知识创新是企业社会经济发展的主要驱动力和提高企业竞争的重要手段。知识和信息正在取代资本和能源成为最主要的资源，知识经济迫切要求管理创新，近年来，一种新的企业管理理念——知识管理正在形成并不断完善，其中心内容便是通过知识共享、运用集体的智慧提高应变和创新能力。知识管理的实施在于建立激励雇员参与知识共享的机制，培养知识创新和集体创造力，总结和研究知识管理的做法和成功经验将有利于企业管理的创新，有利于引导企业进入知识经济时代。

第三节　企业知识创新隧道建设的基本结构

20世纪80年代，Katz和Shapiro正式提出了网络外部性概念：当消费同样产品的其他消费者的人数增加时，任意的消费者消费该产品所获得的效用水平是增加的。Katz和Shapiro将具有间接网络外部性的系统称为“硬件—软件”范式[1]。在这一范式中，“硬件”与“软件”之间存在着某种消费的外部性，使用“硬件”的人越多，愿意为其提供与之兼容的“软件”就越多，而“软件”品种的增加与“软件”价格的下降又会提高“硬件”本身的价值。在同质双寡头市场下，网络强度对在位企业技术许可的选择具有关键性的作用，且随着网络强度的增大，最优许可策略选择从产量提成许可转为固定费许可。当创新者与受许可方的产品质量差异不大，且网络外部性强度较小时，固定许可策略劣于抽成许可策略。

显性知识和隐性知识产品都具有网络外部性属性，并提出显性知识和隐性知识产品会产生间接网络效应。在间接网络效应的作用机制下，随着企业提高隐性知识资本，隐形知识资本的收益是递增的。网络教育知识转移存在间接网络效应，并且隐性知识对知识的转移有至关重要的影响，网络教育平台应该基于显性知识与隐性知识的关系在知识管理环节设计相应的学习策略。

企业最优许可方式取决于网络强度、市场规模、市场集中度以及研发效率。假定消费者处于完全期望均衡状态时，优的许可策略则取决于网络强度的大小，而与创新程度无关。在古诺双寡头竞争条件下，将网络效应参数作为决策变量，建立三种技术许可最优决策模型，模型结果显示：在技术创新程度较强时，随着网络效应强度的增强，专利许可方的利润会增加。在产品具有网络外部性、消费者具有不同质量偏好的情况下，决定最优许可策略的临界网络强度与产品质量差异正相关。

购买硬件的消费者在一期购买之后的一段时间内会退出对硬件的购买，但是在未来的时期内会持续地消费与硬件兼容的软件。消费者从耐用消费品中获取的效用常常依赖于与其兼容的软件，其兼容的软件的可用性越强，消费者的效用水平越高，这种效应称之为间接网络效应。在这一范式中，消费者是系统产品的需求方，对硬件与软件有着直接的需求，当消费者购买硬件后，需购买相应的软件产品支撑硬件产品的运行。硬件与软件之间存在某种消费外部性，使用硬件的人越多，愿意为其提供软件的企业就越多，而软件的品种增加、价格下降会促使硬件的价值的提高。从间接网络效应的定义可以看出，间接网络效应形成需具备两个条件：第一，间接网络效应中有两个或以上互补性产品的组合，我们称之为系统产品，消费者购买单个产品没有效用或者获得效用较少。第二，系统产品的消费具有跨期性，即消费者消费系统性产品时并不是同时消费的，而是存在时间上的先后顺序。具体的间接网络效应机制见图 1-1：

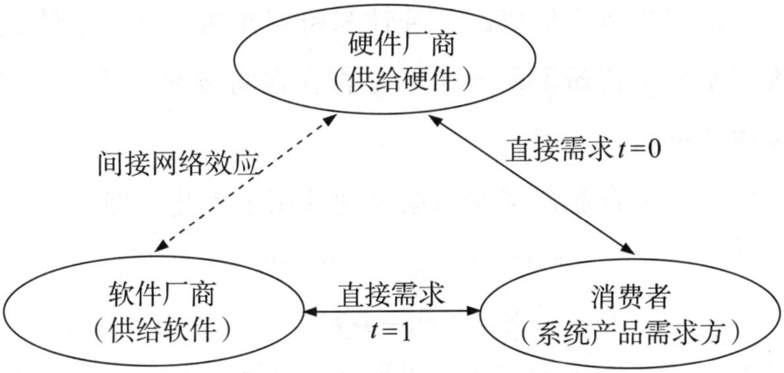

图 1-1　间接网络效应机制

对于具有间接网络效应的产品而言，当市场需求量超过该临界值之后，需求价格随着需求量的增加而上升，随着需求量的减少而下降，价格与需求水平是同方向变动的。具有间接网络效应的产品具有高固定成本和低边际成本的特征，表现出边际收益递增的特征。软件的规模经济导致硬件安装基础的持续扩大，而硬件安装基础的持续扩大会进一步提升软件的市场空间。这种良性互动使得系统产品呈现出“滚雪球”的效应，其整体的市场绩效水平会更高。

研发服务是由研发成果（显性知识）和技术服务（隐性知识）组成系统性的知识产品。由于研发服务本身的知识密集性和不确定性，研发成果和技术服务具有完全的互补性，研发成果是技术服务的载体，离开研发成果，技术服务成了无源之水，而技术服务是研发成果的转换器，离开技术服务，研发成果便不能有效地被应用。研发成果和技术服务在时间上存在跨期性，研发成果先交付，技术服务在研发成果交付后实施。可以看出，研发服务市场满足间接网络效应形成的互补性和跨期性两个基本条件。

为了精确分析研发服务市场是否存在间接网络效应，建立理论模型进行论证。

目标函数为企业购买技术服务的效用最大化，即

$$\max U\left(x_1,\ x_1,\ \cdots\cdots x_N\right)$$

$$s.t.\ \sum_{i=1}^{N} p_i x_i = y - p_j Q_j \tag{1-1}$$

式中：x_i 为企业对技术服务的需求水平；N 为技术服务的数量；p_i 为技术服务的价格；p_j 为研发成果的价格；y 为企业对某项研发服务的投入水平。

对其目标函数本章采用 CES 效用函数衡量企业对技术服务的偏好水平，即

$$U\left(x_1,\ x_1,\ \cdots\cdots x_N\right) = \left(\sum_{i=1}^{n} x_i^{\frac{1}{\alpha_1}}\right)^{\frac{1}{\beta_1}},\ \alpha_1 \geqslant 1,\ \beta_1 \geqslant 1 \tag{1-2}$$

将公式（1-2）中的效用函数带入公式（1-1）中，结合其自身的约束条件，通过求解目标函数，可以得出企业单位的技术服务的需求函数，即

$$x_i = \left(\alpha_1\beta_1\right)^{\frac{\alpha_1\beta_1}{1-\alpha_1\beta_1}}\left(p_i\right)^{\frac{\beta_1}{1-\beta_1}}\left(\sum_{i=1}^{N} p_i^{\frac{\beta_1}{1-\beta_1}}\right)^{\frac{\alpha_1\beta_1-\beta_1}{1-\alpha_1\beta_1}},\ \alpha_1 \geqslant 1,\ \beta_1 \geqslant 1 \tag{1-3}$$

若技术服务的价格都相等，令 $p_i = p$，则消费者对软件的需求函数可以简化为

$$x_i = \left(\alpha_1\beta_1 p\right)^{\frac{\alpha_1\beta_1}{1-\alpha_1\beta_1}} N^{\frac{\alpha_1\beta_1-\beta_1}{1-\alpha_1\beta_1}},\ \alpha_1 \geqslant 1,\ \beta_1 \geqslant 1 \tag{1-4}$$

在分析了制造企业对技术服务的间接效用函数后，转入技术服务提供者的行为分析中，分析的行为准则为其利润函数。在 t 时期的技术服务的销售量为研发成果 j 对应的技术服务的需求水平。

从前面的分析得知，技术服务的生产体现为规模收益递增的特征，也即技术服务的生产在前期的固定投资成本很大。所以我们在处理的过程中，无法将其分摊至每个产品中，而是在总成本的基础之上减去固定成本。因此，技术服务企业的利润函数为

$$\pi_{sw}=(p-c)\ y_{it+1}x_i-F \tag{1-5}$$

式中：F为技术服务生产的总的固定成本；c为单位技术服务生产的边际成本。

假定技术服务的价格和边际成本之间呈线性关系，表示为

$$p=m_1c,\ m_1>0 \tag{1-6}$$

通过利润函数最大化，得出最优的技术服务的供应商数量

$$\log(N_s)=\frac{\alpha_1\beta_1-1}{\alpha_1\beta_1-\beta_1}\left[\frac{\log[c\ (m_1-1)\ ]}{F\ (\alpha_1\beta_1m_1c)^{\frac{\alpha_1\beta_1}{\alpha_1\beta_1-1}}}+\log\ (y_{it}+1)\right] \tag{1-7}$$

进而得到制造企业的技术服务需求函数为

$$x_i=(\alpha_1\beta_1m_1c)^{\frac{\alpha_1\beta_1}{1-\alpha_1\beta_1}}\left\{\exp\frac{\alpha_1\beta_1-1}{\alpha_1\beta_1-\beta_1}\left[\frac{\log[c\ (m_1-1)]}{F\ (\alpha_1\beta_1m_1c)^{\frac{\alpha_1\beta_1}{\alpha_1\beta_1-1}}}+\log\ (y_{it+1})\right]\right\}^{\frac{\alpha_1\beta_1}{1-\alpha_1\beta_1}} \tag{1-8}$$

与研发成果j兼容的技术服务的需求函数为制造企业单位的技术服务需求函数乘以研发成果的数量，即

$$x_{ij}=x_iy_{it+1}=(\alpha_1\beta_1m_1c)^{\frac{\alpha_1\beta_1}{1-\alpha_1\beta_1}}\left\{\exp\frac{\alpha_1\beta_1-1}{\alpha_1\beta_1-\beta_1}\left[\frac{\log[c\ (m_1-1)]}{F\ (\alpha_1\beta_1m_1c)^{\frac{\alpha_1\beta_1}{\alpha_1\beta_1-1}}}+\log\ (y_{it+1})\right]\right\}^{\frac{\alpha_1\beta_1}{1-\alpha_1\beta_1}}y_{it+1} \tag{1-9}$$

在单个研发机构提供的与研发成果j兼容的技术服务数量的基础上，假定每个研发机构提供的与研发成果j兼容的技术服务数量是相等的，则市场上 N_S 个技术服务提供商提供的与研发成果j兼

容的软件数量为

$$Z_{ij}=\sum_{i=1}^{N_s}x_{ij}=N_s(\alpha_1\beta_1m_1c)^{\frac{\alpha_1\beta_1}{1-\alpha_1\beta_1}}\left\{\exp\frac{\alpha_1\beta_1-1}{\alpha_1\beta_1-\beta_1}\left[\frac{\log[c(m_1-1)]}{F(\alpha_1\beta_1m_1c)^{\frac{\alpha_1\beta_1}{\alpha_1\beta_1-1}}}+\log(y_{it+1})\right]\right\}^{\frac{\alpha_1\beta_1}{1-\alpha_1\beta_1}}y_{it+1}\tag{1-10}$$

将在自由市场进入市场的技术服务供应商的数量 N_s 的表达式带上式中，并对其结果两边取对数，得到

$$\log(Z_{ij})=\log(\alpha_1\beta_1m_1c)-\frac{\log[c(m_1-1)]}{F(\alpha_1\beta_1m_1c)^{\frac{\alpha_1\beta_1}{\alpha_1\beta_1-1}}}+\frac{\alpha_1\beta_1}{\beta_1-\alpha_1\beta_1}+\frac{\log[c(m_1-1)]}{F(\alpha_1\beta_1m_1c)^{\frac{\alpha_1\beta_1}{\alpha_1\beta_1-1}}}+\frac{\alpha_1\beta_1}{\beta_1-\alpha_1\beta_1}\log(y_{it+1})\tag{1-11}$$

可以看出，市场上 N_s 个技术服务供应商提供的与研发成果 j 兼容的技术服务的数量 Z_{ij} 与研发成果 j 的安装基础 y_{it+1} 之间呈正向关系，验证了在间接网络效应的作用下的正反馈的作用机制。

伴随着研发服务成果的交付，研发服务机构与所服务的制造企业的关联关系相继中断。在后期研发服务指导企业应用实践的过程中，制造企业对研发服务成果的知识掌握程度薄弱，孤立无援，研发服务成果的利用率水平偏低，服务于制造企业的创新能力更是雪上加霜。基于此，制造企业和研发机构的彼此信任遭到质疑与破坏，形成恶性循环，使得研发服务的科技服务能力和制造企业的创新能力处于瓶颈阶段。因此，须研究研发服务功效不能得以正常发挥的顽疾所在，本研究引入间接网络效应，从“硬—软”范式的视角分析研发服务服务企业的缺失环节，为研发服务配置双引擎。

在间接网络效应“硬—软”范式的理论框架下，以研发服务

产品为硬件产品，以知识有效转移和知识深度应用的技术服务为软件产品。基于研发服务产品本身的知识混合型和高度不确定性，本研究将以往的“硬件确定—软件不确定”的单重不确定性问题拓展为“硬件不确定—软件不确定”的双重不确定性问题。在双重不确定性的视角下，研究研发服务的交易机制及交易路径。

通过双引擎的引入，建立研发服务机构与制造企业的合作伙伴关系，确保研发服务的知识顺利转移以及知识的全面深度应用，提高研发服务的科技服务能力，提升研发服务对制造企业的创新水平。本研究在间接网络效应的视角下，为克服由于研发机构和制造企业知识对接存在断裂所导致的研发服务瓶颈，从知识有效转移和知识深度应用两方面为研发服务配置了“双引擎”结构。

双引擎的配置首先要从双引擎的启动条件入手进行分析。在 $t=0$ 时，研发成果交付，研发服务的特性使得知识转移路径不畅，转移绩效偏低，大量的隐性知识被滞留。此时，要开辟科学的知识转移路径，提高知识转移绩效的满意度。配置引擎 1：知识的有效转移。引擎 1 的启动条件要确保知识转移路径的正确性以及知识转移的实效性。$t = 1$ 时，研发成果交付后，知识的控制权使得研发服务的知识应用偏弱，知识扩散的足迹模糊以及知识的创新力度不足。此时，要提高创新通道的畅通性以及增强创新网络的支撑力。配置引擎 2：知识的有效应用。引擎 2 的启动条件要确保引擎主体的全面性、知识的成长型以及知识应用主体能力的特征。具体的双引擎的配置机理图见图 1-2：

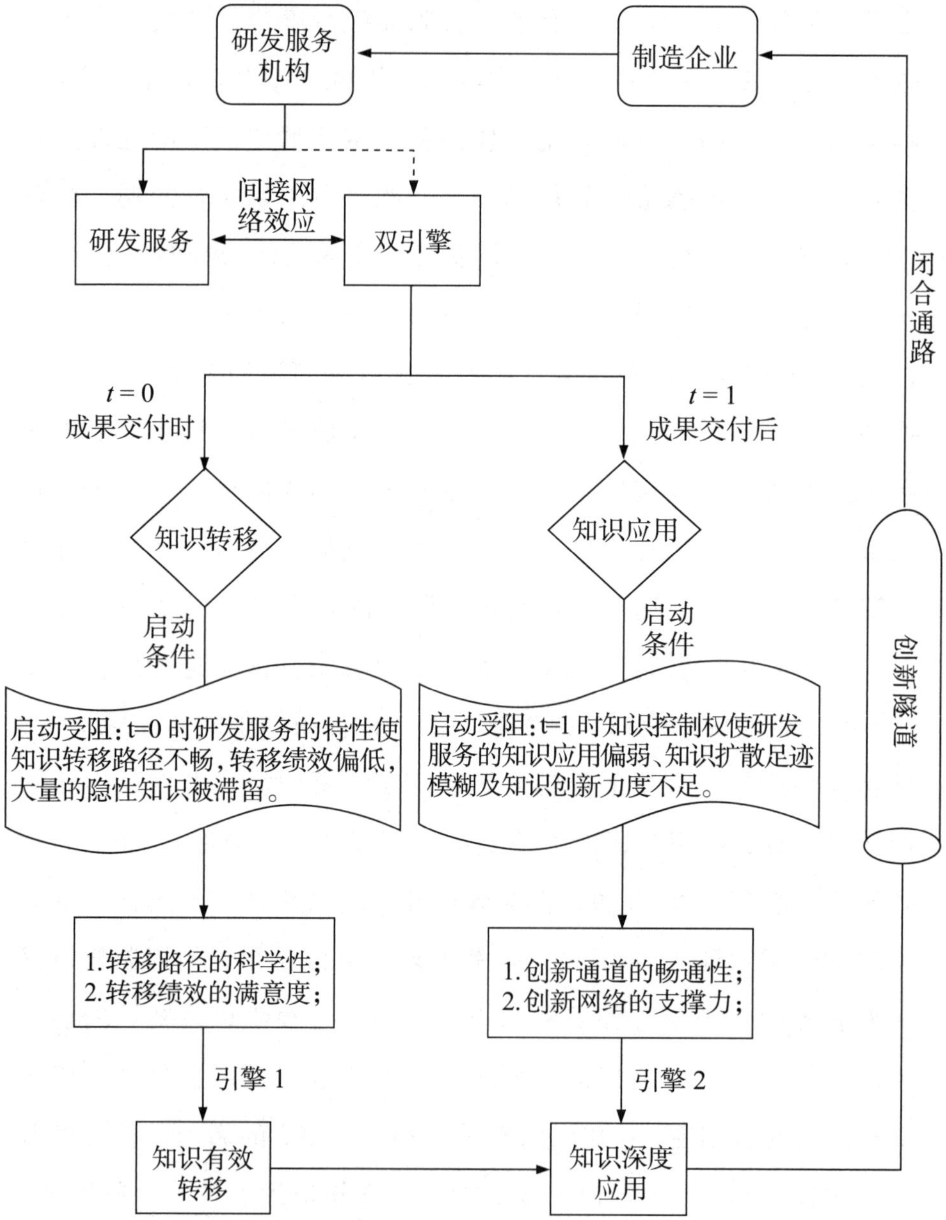

图 1-2　双引擎的配置机理图

第四节　本章小结

本章分别从创新性、产能度、融合度、政策效率以及产业链位置等五个维度提出了我国制造业面临的大山模型（WSHSL 模型）。在创新性方面，表现为企业的创新能力不强，原始创新、核心攻关和基础研究的基础较为薄弱。在产能度层面，制造业的产品同质化、产能过剩，许多行业产能过剩问题仍然比较突出，制造增加值的模块不突出，没有形成持久优势。在融合度方面，先进制造业和服务业的产业融合度不高，制造业在产业链中处于“U”型曲线底端，距离两端高附加值的产业距离较远。在政策效率层面，一些深层次的体制性问题没有得到根本解决，制造业的交易成本较高。制造业在全球产业链和价值链的位置处于中低端环节，攀升的源动力不足。

从知识管理的视角分别基于知识创新，知识转移和知识的深度应用分析了制造业知识创新隧道建设的必要性。知识管理的实施在于建立激励雇员参与知识共享的机制，培养知识创新和集体创造力，通过知识共享、运用集体的智慧提高应变和创新能力，提升企业的创新水平。

通过间接网络效应理论为研发服务配置了知识有效转移和知

识深度应用的双引擎结构。从研发服务机构和制造企业双方的视角着手研究知识转移和知识的深度应用。本研究丰富了知识基础观理论和创新系统理论，建立了制造企业与研发服务机构的联结合作，推进从知识到创新的转化机制，深化了研发服务作用于企业创新的机制研究。本研究认为，从研发服务机构和制造企业两方面去缝合其知识断裂层，促进双方高效的互动合作，提升创新水平，应是目前我国制造企业在转型过程中实现突破式发展的重要方式之一。

第二章

企业知识创新隧道建设的动力分析

本章围绕制造业创新隧道建设的动力进行分析。首先，解释了动力分析所涉及到的基本概念，从产学研合作创新向技术创新能力的传递路径提出了知识创新隧道的关键路径，并结合具体的数据对核心路径进行了实证分析。通过实证分析的结果提出了制造业知识创新隧道建设的动力机制。

第一节　基本概念

一、知识转移

知识转移是一种知识从一个载体向另一个载体转移的活动，其目的在于影响或改变知识发送者（个人或组织）的行为，从而提高企业的创新绩效。转让知识可通过非正式的方式如口头传递，或通过组织设立正式机制来实现。它包括两个过程：传递（将知识发送或展示给潜在的接收者）和接收（个人或团体对知识的吸收和利用），四个要素：知识发送方，知识接收方，传递的知识以及知识发送方与知识接受方之间的距离。有学者认为知识共享和知识转移的含义是一样的，因为它们都是进行知识的分享和交换。但又有学者认为，知识转移的含义比知识分享更广，它还包括对知识的吸收和运用。企业知识转移是一个企业的知识影响了另一个企业的行为，这跟认知心理学对个体知识转移的定义有异曲同工之妙。

认知论表示，个体知识传递的含义跟迁移差不多，是把从一个情境中获得的知识用于另一个情境的过程。知识转移是一个发现已有知识、获取知识并随后将知识应用于开发新思想或强化现有思想的过程，以便使一个过程/行为比原来更有效率。知识转移对于企业创新过程具有重要的战略意义，被认为是提高创新能力的一个关键过程。不仅是利用现有资源，如知识，还包括如何获取和吸收知识，以提高工作的效率和效果，成功的知识转移意味着转移的知识能够被组织内成功地吸收和利用。基于此，本章认为，知识转移可以被视为企业与内外部个体（或组织）之间进行知识交流、共享，并将知识进行吸收内化，整合到自身已有的知识结构中，从而使自身的知识存量得以扩充，进而促进知识创新活动的发生。

二、知识应用

知识应用是指把抽象的上位知识推广到同类的下位的具体事物上去，或把下位的具体事物纳入原有的上位的抽象的认知结构中去，使抽象的知识与它所反映的具体事物之间建立联系，从而充实原有的抽象的结构。知识应用是在组织中建构一个量化与质化的知识系统，让组织中的资讯与知识，透过获得、创造、分享、整合、记录、存取、更新、创新等过程，不断地回馈到知识系统内，形成永不间断的累积。个人与组织的知识成为组织智慧的循环，在企业组织中成为管理与应用的智慧资本，有助于企业做出正确的决策，以适应市场的变迁。企业的成功越来越依赖于企业所拥有知识的质量，利用企业所拥有的知识为企业创造竞争优势和持续竞争优势对企业来说始终是一个挑战。

三、服务的内涵

在日常生活中，服务随处可见，服务范围广泛。从20世纪50年代开始，学者们开始研究服务，不同的学者从不同的角度来描述服务。服务的定义最早于1960年被美国市场营销协会（AMA）提出，将服务定义为："可被区分，界定，主要为不可感知，却可使欲望获得满足的活动，而这种活动并不需要与其他的产品或服务的售出联系在一起。"服务是与某些无形因素相关的活动，包括顾客个人或者是他们所拥有的财产所进行的交互活动，但是在这个过程中并不会产生所有权的转移，并且活动有可能产生物质结果，也可能不产生物质结果。服务是否与货物商品相同？在后来学者的研究中，将服务总结为"无形性、同时性、差异性和易逝性"四大特点，并被后人发展和深入研究。

服务的无形性：商品和服务之间最基本和经常被提到的区别，因为服务包括一系列的活动，而不是实物，无法被真实的看见，这个过程不像是实体的商品一样，可以看到或者触摸到。服务的同时性：与大多数商品不同的是，商品大多都是经过了生产、储存、运输和消费的整个流程，而服务大多数是先销售，其产生和消费的过程是同时进行的。

服务的差异性：因为服务大多是人们展示和完成的一种商品，世界上没有两个完全相同的员工，也没有两个完全相同的顾客，所以服务是不同的，不可能像实物商品一样可以完全相同。服务的易逝性：服务的易逝性是指服务不可被储存，转售或者退回的特性，服务通常具有一定的时效，如果顾客不及时消费，就有可能造成无法挽回的损失。例如一个律师提供的咨询不可作为商品进行转卖,飞机上未售出的剩余座位也不可能留到下次再进行销售。

四、研发服务

在上世纪80年代之前，企业的研发工作大多都放在企业内部完成，90年代以后，随着创新模式的改变和全球化分工的越来越明确，研发服务也出现技术性和风险性，随着市场对研发服务需求的不断增加，一个以研发和管理为基础，提供智力成果的高科技研发服务业应运而生。在这一进程中，孵化了一批专门从事研发服务工作的企业，伴随着企业分工的越来越明确和细化，对于研发型企业的需求就越多，这些集聚在高新技术产业，从事研发工作，提供智力成果的服务型企业正式应运而生。

在我国的企业中，中小型企业占据绝大部分，这类企业的研发能力较弱，主要靠技术转移的方式获取创新能力。由此，研发技术知识逐渐独立，成为独立的产品，创新和服务是研发服务业的主要特点。这种知识密集型产业的出现，一方面提高了生产效率,另一方面也激励了研发服务从业者,肯定了他们的劳动成果。国外对研发相关问题的研究起步比国内早，研究更深入。随着科学的发展、创新模式的转变和全球专业分工的不断细化，市场对专业服务的需求不断扩大，国际研发的对外转移趋势日益明显。

研发管理是一种以高新技术为基础的新型现代服务业。

国外没有研发服务的概念，这与 Miles 在 1995 年提出的知识密集型服务业（knowledge-intensive service industry，简称 KIBS）相对应。在这个概念中，知识密集型服务业是指出口对专业知识要求较高的技术产品或服务的公司或组织。英国当局对研发活动的定义是指旨在增加知识总量的研发活动。第一类包括电力、物流等，第二类包括电子及电子相关产业、资讯科技硬件、软件及电脑服务，第三类包括建筑材料、支援服务、远程服务、银行等，第四类包括生物技术药物和保健，第五类包括航空和国防、汽车和配件、机械工程、化学等。

国内对于研发服务业的研究发展较晚，我国台湾省“经济部”对研发服务业的定义是：研发服务业是指系统地运用自然科学、工程科学、社会科学以及人文科学的各种专门知识与技能，为研究与开发工作提供服务的产业。研发服务业与传统工业以及其他的传统服务业有较大的区别，主要特点有：对于技术依赖度较高，在研发的投入过程中存在着一定的风险，存在着一定的技术门槛，使用者的范围相对单一。简兆权认为，在研发服务传递的过程中，服务提供者与使用者之间的交流互动是影响感知服务质量的重要因素，服务人员对待服务的态度也影响着顾客对于服务的具体感知。

第二节　关键路径分析

产学研合作是一种战略联盟，产学研合作是合作主体自愿、积极地分享资本和技术，以达到“互惠交换”的目的。技术创新能力是指企业在吸收和整合信息的过程中所获得的技术、知识和经验。产学研合作有利于企业获取大学的最新研究成果，创造新的知识，从而对低技术企业的技术创新能力产生积极影响。Chen 通过问卷调查实证检验了正式合作模式和非正式合作模式对企业创新绩效的影响，研究结果表明，两种合作模式相结合更有利于企业创新绩效的提升[2]。项目间高效的知识共享，不仅有效地提高了企业的技术水平、管理水平和竞争力，而且促进了企业的可持续发展。

H1：产学研合作创新机制对技术创新能力具有正向影响。

知识转让者的知识编码能力对降低知识粘性有重要影响。Wang 等在分析产学研知识转移中知识粘性产生的原因时指出，知识转移能力对知识粘性有重要影响，确定了知识服务组织发挥创新源作用所需的能力，并发现其核心活动是知识的开发、适应和转移[3]。Jin 等提出的框架为迁移学习中的“转移什么”问题提供了有效答案，为知识转移中的“如何转移”问题提供了有效解决方案，提出影响知识转移的因素是人、组织、技术以及知识和转移[4]。

H2a：知识转移能力正向调节产学研合作创新机制与技术创新能力关系；

知识转移者对知识的保护态度会导致战略联盟之间产生知识粘性。知识出让方和知识接受者之间的信任关系对知识转移的有效性有重要影响。在研究分布式创新网络中知识粘性产生的原因时，知识源的传播意愿和能力是影响知识粘性产生的重要因素。作者指出，知识来源所拥有的知识与其利益有直接或间接的关系。知识转移受到财团的变化、项目持续时间和预算的变化、研发利益的差异、资源不足以及在没有合作的情况下实现研发目标的能力的限制。基于发送方——接收方模型，借鉴学习理论和交易成本经济学的论点，新兴市场国家更多地受益于增强接收方能力和发送方动机的机制，因此也更有可能参与其中。因此，对自己的知识采取一种“保护”的态度，不愿意转让给别人。

H2b：知识转移意愿正向调节产学研合作创新机制与技术创新能力的关系；

Srisamran 提出高等知识接受者接受知识的意愿可以增强其认知学习。产学研知识转移中知识转移障碍的因素体现为：知识接受者的意愿、知识接受者的吸收能力、隐性知识的复杂性、知识接受者的经验以及知识转移双方的文化距离[5]。研究结果表明，职能整合和共同目标在增加向目标公司和从目标公司的知识转移方面的积极作用得到了证实，并且向目标公司的知识转移被认为是并购成功的决定性因素。研究结果表明，吸收能力在知识转移与创新能力之间起正向中介作用。

H3a：知识融合距离正向调节产学研合作创新机制与技术创新能力的关系；

只有在特定的个人认知存在时，感知参与和感知授权的共同存在才会导致更多的许可协议。吸收能力在印度企业知识转移与创新绩效的正向关系中具有互补的部分中介作用。研究表明，来自三个不同来源的I-U知识转移对从事商业化的大学研究人员具有重要意义，包括个人行业经验、商业化合作伙伴公司和主要客户，每个来源在AE的特定阶段转移特定类型的知识。知识接受者的知识吸收能力和知识解码能力会导致知识转移的障碍。隐性知识对营销知识的转移具有相互矛盾的调节作用，对子公司的知识管理具有不同的影响。Dennis 等人强调了跨部门沟通质量和相互理解的发展在这一过程中的重要作用 [6]。

H3b：知识应用距离正向调节产学研合作创新机制与技术创新能力的关系；

基于上述假设，构建 IUR 协同创新机制对技术创新能力的影响模型，如图 2-1 所示。该模型清晰地描述了知识转移和知识吸收对产学研合作创新机制路径对技术创新能力的调节作用。

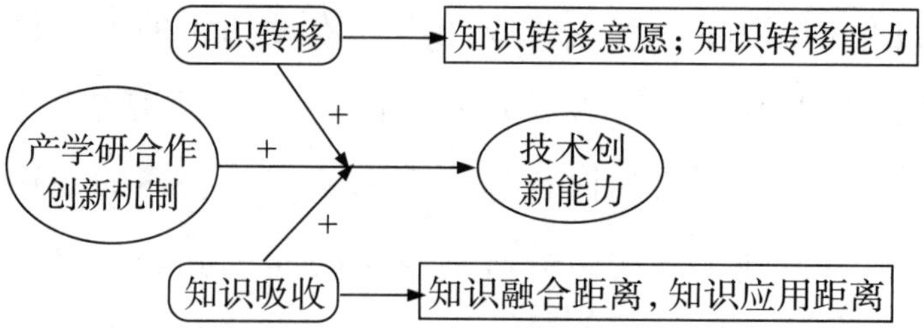

图 2-1　产学研协同创新机制对技术创新能力的影响模型

第三节　实证分析

一、基本数据

利用产学研协同创新机制对技术创新能力的影响模型，以产学研协同创新机制为自变量，技术创新能力为因变量，知识转移和知识吸收为调节变量，各变量的特征及参数如表 2-1 所示。

所选的制造业包括电子制造业和通用制造业。在正式调查前，收集了 80 份问卷进行预调查。对调查前数据进行信度分析和探索性因子分析，形成正式问卷。正式问卷的发放采用“线上+线下”的形式。共发放问卷 300 份，回收 290 份，回收率 96%；有效问卷 280 份，废弃卷卷 10 份，有效回收率 93%。

表 2-1　变量特征及参数

	维度	变量	参数
因变量	企业创新能力		ETIA
自变量	合作创新机制	产学研合作创新机制	CIM_{IUR}
中介变量	知识转移	知识转移能力	KTA
		知识转移意愿	KTW
	知识吸收	知识融合距离	KFD
		知识应用距离	KAD

二、数据分析

1. 信度效度检验

采用 SPSS 软件对样本数据进行信度和效度检验，检验结果如表 2-2 所示。问卷的 Cronbach's α值为 0.885，KMO 值为 0.869，说明样本总体信度和效度较高。IUR、知识转移能力、知识转移意愿、知识融合距离、知识应用距离和企业技术创新能力的协同创新机制 Cronbach's α和 KMO 值如表 2-2 所示，表明内部一致性高，测量结果可靠。

表 2-2　数据信效度分析

变量	Cronbach's α	KMO 值	变量个数
CIM_{IUR}	0.768	0.773	6
KTA	0.861	0.876	6
KTW	0.764	0.732	8
KFD	0.823	0.716	4
KAD	0.812	0.742	4
ETIA	0.873	0.716	2
总体信效度	0.885	0.869	30

2. 相关系数检验

在回归分析之前，需要检验研究变量之间的相关性。Pearson 相关系数检验的具体结果见表 2-3。由表 2-3 可以看出，因变量与自变量之间以及自变量之间的相关性显著。

表 2-3　相关系数检验结果

	1	2	3	4	5	6
ETIA	1.000					
CIM_{IUR}	0.133**	1.000				
KTA	0.422***	0.358***	1.000			
KTW	0.173***	0.326***	0.538***	1.000		
KFD	0.251***	0.451***	0.712***	0.423***	1.000	
KAD	0.131**	0.232***	0.213***	0.449***	0.432***	1.000

注：*p < 0.10，** p < 0.05，*** p < 0.01.

三、回归模型

建立了产学研合作创新机制对企业技术创新能力的回归模型。逐步引入了解释变量、调节变量以及自变量和调节变量的交互作用。观察回归系数及其显著性是否发生变化，进而排除模型多重共线性的可能性。具体回归分析结果见表 2-4。

表 2-4　CIMIUR 对企业创新能力的回归分析

变量	Model 1	Model 2	Model 3	Model 4	Model 5	Model 6
CIM_{IUR}	0.033*** (0.010)	0.056*** (0.011)	0.037*** (0.013)	0.095*** (0.023)	0.055*** (0.012)	0.104*** (0.020)
KTA		0.079*** (0.002)	0.083*** (0.002)	0.079*** (0.002)	0.080*** (0.002)	0.078*** (0.002)
KTW		0.050*** (0.011)	0.060*** (0.011)	0.050*** (0.011)	0.050*** (0.011)	0.060*** (0.011)
KFD		0.383*** (0.067)	0.302*** (0.068)	0.763*** (0.206)	0.407*** (0.069)	0.385*** (0.067)

续表

变量	Model 1	Model 2	Model 3	Model 4	Model 5	Model 6
KAD		0.047** （0.019）	0.018 （0.019）	0.046** （0.020）	0.040** （0.020）	0.147*** （0.038）
CIM_{IUR}*KTA			0.090*** （0.021）			
CIM_{IUR}*KTW				0.121* （0.032）		
CIM_{IUR}*KFD					0.101** （0.021）	
CIM_{IUR}*KAD						0.028*** （0.004）
观测值	291	291	291	291	291	291
Wald 统计	586.180	1803.600	1886.600	1828.600	1817.700	1809.500
P 值 e	0.000	0.000	0.000	0.000	0.000	0.000

注：*p<0.10，** p<0.05，*** p<0.01.

在模型 1 中，仅引入产学研协同创新机制，结果表明产学研协同创新机制与企业技术创新能力显著正相关，说明产学研协同创新机制对企业技术创新能力具有正向影响。模型 2 在模型 1 的基础上引入了四个控制变量：知识转移能力、知识转移意愿、知识融合距离、知识应用距离。结果表明：知识转移能力、知识转移意愿、知识融合距离、知识应用距离与企业技术创新能力显著正相关；模型 3 在模型 2 的基础上引入 IUR 协同创新机制与知识转移能力的交互项。结果表明：知识转移能力正向调节产学研协同创新机制对企业技术创新能力的影响，调节系数为0.09，在1%水平上显著；

在模型2的基础上，在模型4中引入IUR协同创新机制与知识转移意愿的交互项。结果表明：知识转移意愿正向调节产学研协同创新机制对企业技术创新能力的影响，调节系数为0.121，在5%水平下显著；在模型2的基础上，在模型5中引入IUR协同创新机制与知识融合距离的交互项。结果表明：知识融合距离正向调节产学研协同创新机制对企业技术创新能力的影响，调节系数为0.101，在1%水平上显著；在模型2的基础上，在模型6中引入IUR协同创新机制与知识应用距离的交互项。结果表明：知识应用距离正向调节产学研协同创新机制对企业技术创新能力的影响，调节系数为0.028，在1%水平上显著；

从表2-4中各变量系数估计值的变化可以看出，随着变量的逐一加入，原回归模型中的变量系数变化不大，但整体对回归系数和回归方向的影响并不大。回归结果基本排除了模型的多重共线性，也反映了自变量、调节变量以及自变量与调节变量之间相互作用对企业技术创新能力影响的稳定性。从以上结果可以看出，研究假设H1、H2a、H2b、H3a、H3b得到了验证和支持。

第四节　本章小结

本章围绕知识转移、知识应用以及研发服务进行了相关概念的界定，在此基础上提出了产学研合作创新机制对企业技术创新的影响模型，并引入了知识转移能力、知识转移意愿、知识融合距离以及知识应用距离对产学研合作创新机制对企业技术创新的影响模型的调节作用。选择电子制造业和通用制造业，收集相关的问卷获取数据，并通过数据分析得出了产学研合作创新机制对企业技术创新的影响关系。具体的研究结论为：产学研合作创新机制对技术创新能力具有正向影响，知识转移能力正向调节产学研合作创新机制与技术创新能力关系，知识转移意愿正向调节产学研合作创新机制与技术创新能力的关系，知识融合距离正向调节产学研合作创新机制与技术创新能力的关系，知识应用距离正向调节产学研合作创新机制与技术创新能力的关系。

第三章

企业创新隧道建设双引擎的路径建设

本章基于“科技成果之花”落地生根的困境展开研究，以时间轴的模式构建了“科技成果之花”到企业“创新之果”的历险记。从“花朵培育”、“受精过程”以及“果实成长”三个过程对每个历险的相关风险进行清晰定位识别，将重要的风险点的内部结构打开。针对每个风险点以及子风险点的分析形成了完善的“科技成果之花”到“企业创新之果”阶段成长模型。根据成长模型给出了规避历险记中的阶段风险，增强“科技成果之花”落地生根的相关对策。最后对成长模型进行过程动态调整，提出了受精过程前置的科技创新“顶天立地”模式以及受精过程后置的企业自主创新模式，使“科技成果之花”到“企业创新之果”实现有力跳跃。

第一节 双引擎路径建设的必要性

习近平同志指出“科技创新是核心，抓住了科技创新就抓住了牵动我国发展全局的牛鼻子”。随着科技投入的不断增加，科技政策的不断完善，我国科技创新发生了历史性的变革，成为全球创新版图中日益重要的一极。科研成果批量出现，但真正解决产业发展，带动产业转型升级的科研成果为数不多。特别是在基础研究短板明显，核心技术的技术瓶颈未能突破，长期受制于人的“卡脖子”问题长期存在。追根问底，科研项目在指标的设计上，一些科研项目忽略产业实际承接能力，技术研发聚焦产业发展瓶颈和需求不够，项目应用与技术脱节。盲目追求技术上所谓的先进性，最终的结果是科研成果鼓舞人心，花朵绚丽，应用无法落地生根，基础研究根基不深，科研成果只能束之高阁，“科技成果之花”昙花一现。

科技成果之花的落地须从知识转移的视角深入进行，由于科技成果产品涉及知识的综合性而呈现出高度不确定性，加之影响知识转移的绩效因素涵盖知识转移主体、知识转移客体、知识接收方以及知识转移渠道等多个因素，导致研发服务成果转化生产力不足，应用效果不明显，企业对科研机构的研发绩效的满意度不高。企业不满意的状态使得科研机构的研发动力不足，研发成了无源之水，周而复始，形成了一种恶性循环，直接影响了科研机构的科技创新水平以及企业的创新绩效水平。因此，如何进行企业与科技服务机构双方身份的识别，促进二者之间的高效合作，解决好从知识主体向用户主体的知识转移及知识应用，这是科技成果转化为生产力的“最后一公里”，也是科技成果之花落地的重要环节。

2015年3月13日，中共中央和国务院颁布《关于深化体制机制改革加快实施创新驱动发展战略的若干意见》（以下简称《若干意见》）和最新修订的《促进科技成果转化法》（以下简称《转化法》），均提出要提高高校科技成果转化的效率，完善转化的利益分配机制；鼓励高校和科研人员将创新性科技成果面向市场，服务企业转型升级。同时，国家对高校等研究机构在面向世界科技前沿、面向国家重大战略需要的基础上，提出了面向国民经济主战场的新目标，这就要求高校在新时期，要突破“象牙塔”中知识创造与知识传承的功能，需要更多的通过知识扩散和科技成果转化来服务社会。

科技成果之花的落地并不是终极目标，还需要生根，需要衍生出企业的创新之果。科研服务机构与知识经济、技术经济进一步互动融合，新技术的不断应用及围绕问题的“聚焦装置”加速了科研服务机构的技术创新。研发服务机构被视为创新系统中的

“第二知识基”，扮演着创新的便利者、携带者、创新源以及催化剂的角色。科研服务业正处在新一轮的“技术创新—服务创新”范式转变的核心，成为推动经济发展的中坚力量。科研服务机构应辅助企业做好研发成果的应用以及深度挖掘工作，让“科技成果之花”结出更多的“企业创新之果”，助力于提升企业的自主创新水平。因此，如何利用好科技创新的“金钥匙”开启企业的创新“黑箱”，对制造企业竞争力的跃迁具有重要的意义。

第二节　双引擎路径建设的风险

“科技成果之花”的风险主要从“有没有花蕾”“花蕾的梳理”以及“花朵的成长”三个阶段进行风险分析。在“有没有花蕾”阶段，研发服务要坚持问题导向的原则，从企业的实际问题出发，不能脱离实际，成为空心花朵。在“花蕾的梳理”阶段，要去选取优质的花蕾质量，去除多余的花蕾。面临的风险可能有保留太多的花蕾或是去掉优质的花蕾，这都导致后期的“企业创新之果”的数量和质量受影响。“花朵的成长”的风险主要源于科研机构的技术水平和管理机制，若没有良好的技术创新氛围和科学的管理机制，“科技成果之花”的成长会直接受限制。

受精过程的第一个风险为受精主体能力的欠缺，知识转移主体若没有丰富的知识转移经历，此次受精过程便无法有效完成。受精过程的第二个风险体现为受精环境的风险。受精过程的第三个风险体现为受精载体的风险。此处的受精载体体现为知识的特性，若科技成果没有对知识的系统性和协调性等加以整合，受精过程便不能很好进行，知识转移效果较差。

“企业创新之果”的风险主要从“有没有果实”、果实成长以及“果实繁衍”进行风险分析。“有没有果实”主要是基于企业对研发服务成果能否有效吸收，若研发成果没有被有效吸收，则不会结出创新之果。“果实成长”主要是基于研发服务机构和企业双方的视角分析的，双方之间若没有有效的沟通，那么“果实成”长的空间就会受限。Miles [7] 强调了研发服务的动态化、一体化和循环化的特点，通过“整合知识—知识解码—传授”的过程实现和企业的互动，进而产生新知识。

“果实繁衍”的风险是从企业能否对研发服务成果进行深度的挖掘应用而谈的。企业应该避免单一的知识传递，单一的问题解决的风险。本章在以往学者研究的基础上，以时间轴的模式构建了“科技成果之花”到“企业创新之果”的历险记，对每个历险过程的相关风险进行清晰识别定位，将重要的风险点的内部结构打开，具体的“科技成果之花”到“企业创新之果”的历险记见图 3-1：

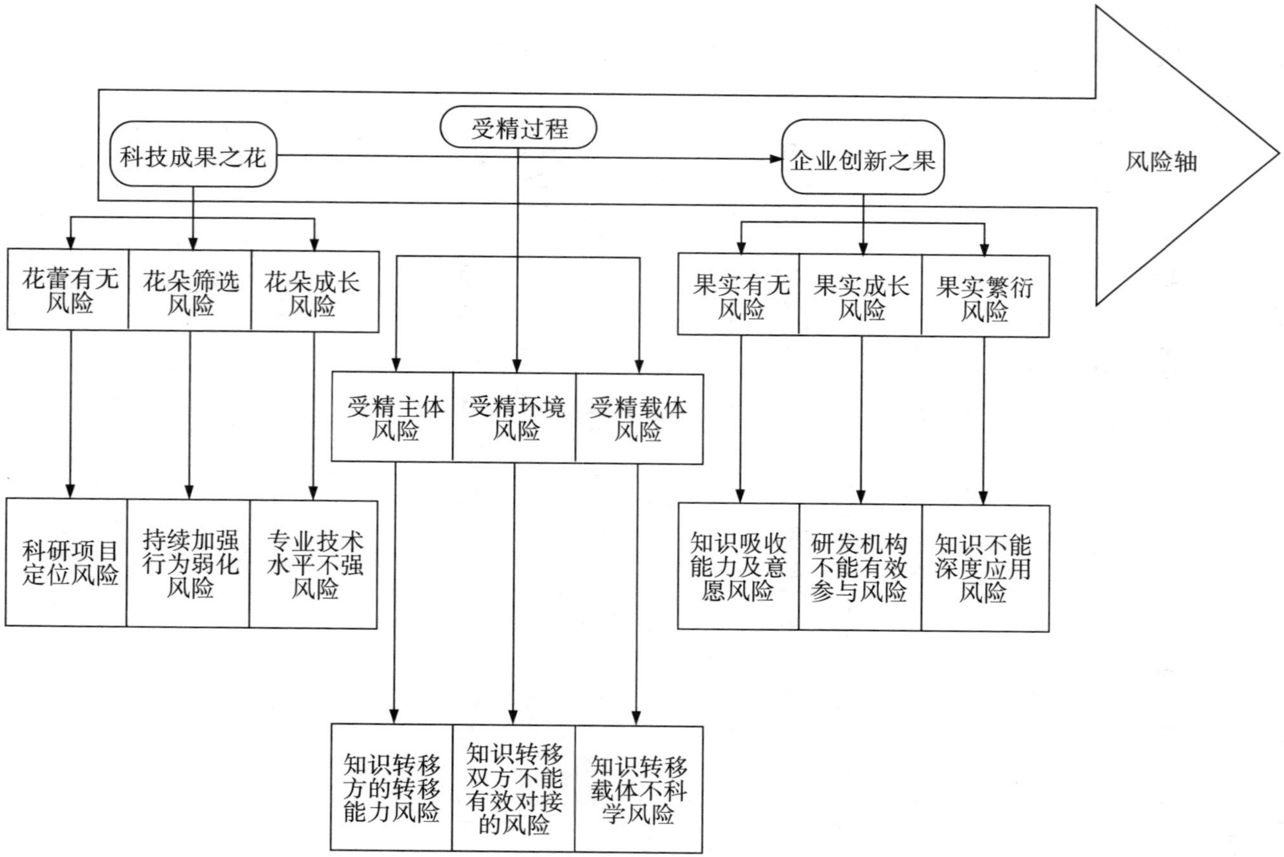

图 3-1 “科技成果之花”到“企业创新之果”历险记

第三节　双引擎的路径研究

“科技成果之花”培育，需坚持理论基础研究与现实相匹配的原则，花朵培育源于现实，又要高于现实，最终又要回归于现实，也即是“花天果地”的培育模式。产业创新之果正是检验“科技成果之花”的实践环节，通过产业创新之果的成长经历，进而去修正“科技成果之花”，让企业去收获更多的创新之果，最终形成“花果循环”的良性发展路径。

从“科技成果之花”到产业创新之果的成长路径主要为三个阶段：第一阶段为“科技成果之花”的花朵培育，“花芽质量”直接决定了“企业创新之果”的源头，没有高质量的“科技成果之花”，不可能会有高品质的“企业创新之果”。第二阶段为“科技成果之花”到产业创新之果的“受精阶段”，受精阶段是形成果实的重要环节，高质量的花芽质量若没有科学受精过程，“科技成果之花”就会被搁置，会萎缩甚至死亡。第三阶段为“企业创新之果”的果实成长阶段，较高的花芽质量加上科学受精过程会形成原始果实，果实能否长大，依赖于企业内部的知识管理。三阶段成长过程构成了“科技成果之花”到“企业创新之果”的成长模型。具体的成长模型见图 3-2：

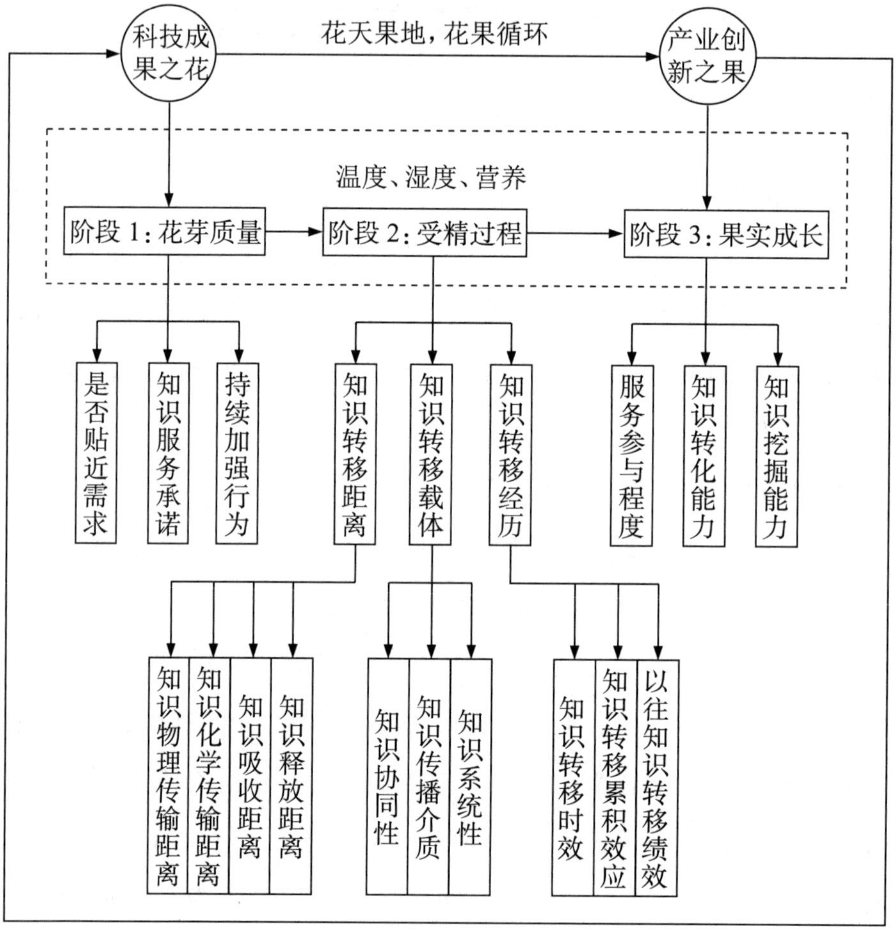

图3-2 “科技成果之花”到产业创新之果的成长模型图

一、阶段1：知识花朵培育路径

科技之花的培育围绕是否贴近需求，知识的服务承诺以及持续加强行为三个维度展开。企业需求导向是“科技成果之花”的土壤，脱离企业需求和实际应用去做科技研发，企业的科研成果无用武之地，科研成果的形成没有现实基础，自然科研成果得不到实践的检验与修正。科研之花的科学培养模式首先必须贴近企业需求，从企业的实际需求中去提出科学的研究项目，围绕企业的实际需求，坚持以问题导向去做研发。在研发的过程中使企业参与其中，阶段性补充和完善科学研究，进行全过程的管理，使研发成果服务于企业的实际问题得到解决。在企业去实践应用研发成果时，针对现实中存在的实际问题去修正研发成果，为研发成果的土壤补充科学的营养元素，培育肥沃的科学土壤，绽放绚烂的“科技成果之花”。

知识的服务承诺是科研成果之花的生长环境，知识服务承诺赋予了“科技成果之花”充沛的阳光，丰富的营养和充足的水分，方可保障科技之花的良好生长。知识服务承诺主要分为显性的知识承诺和隐性的知识承诺。知识承诺会使得企业对委托的研发机构所研发的成果有一个理想的服务预期。知识承诺的程度越高，企业对研发服务的预期质量水平越高。显性的知识服务承诺主要体现在显性成果的交付中，可用定量的指标去度量；而隐性的知识承诺主要体现在成果交付后的环节，辅助于企业科技成果的事实与应用，显然隐性的知识承诺与企业自身需有机协调，确保科技成果的顺利转移和应用。

持续的加强行为是科研成果之花的梳理阶段。花朵要形成果实，要进行梳理，保留有质量的花朵，方能成长为更大更好的果实。持续的加强行为犹如梳理器，让“科技成果之花”真正地朝着果实成长的方向前进。持续的加强行为从服务参与强化、目标的强化和经验的强化三方面着手。持续的加强行为也是影响企业对研发服务预期成果的重要因素。持续加强行为越强，企业预估的理想服务水平越高。服务参与强化为双向参与，一方面企业参与科研机构的研发过程，另一方面科研机构参与企业的生产制造过程，从互相参与中寻求理论与实际结合的平衡点。目标的强化需坚持以企业需求为导向，以问题为导向，确保科技之花的落地生根。经验强化中的经验一方面科技机构需掌握问题由来的经验，另一方面又需掌握成果去向的经验，知道科研成果“是从哪里来？”“又将到哪去？”。

二、阶段2：受精过程路径

受精过程是“科技成果之花”落地生根的重要环节。若没有掌握好受精时间和科学的受精过程，再绚烂的“科技成果之花”也只会昙花一现。受精过程主要包括知识的转移距离、知识的转移载体以及知识的转移经历三个环节。其中，知识转移距离是受精的外在环境，知识转移载体为受精的载体，知识转移经历体现为受精的主体能力。在控制好外在的受精环境的基础上，选取科学的受精载体，提升受精主体的受精能力，方能保证受精过程的完整实施。

首先，从受精的外在环境来讲，知识的转移距离主要分为知识传输的物理距离、知识传输的化学距离、知识吸收距离以及知识释放距离四个方面。知识传输的物理距离指知识发送方和知识接收方的地域上的距离，科技的迅速发展拉近了人与人之间的关系，缩短了人与人之间的物理距离。知识传输的物理距离尤其是隐性知识传输的物理距离似乎并没有随着实际物理距离的缩短而缩短。因此，在知识传输的过程中，要缩短知识传输的物理距离，建立知识转移方和知识接收方面对面的知识转移路径，为知识的有效转移构建可行的通路。知识传输的化学距离指知识发送方和知识接收方的心理的距离，即使知识接收方和转移方的物理距离为零，若二者之间的心理距离较远，也不利于知识的有效转移。心理距离此时主要体现为知识转移的双方关系，若二者为彼此信任的良性关系，则心理距离较小，知识转移也会更顺畅。因此在做好知识转移双方物理距离的基础上，要调和好双方的关系，缩短双方的心理距离，减少知识传输的化学距离，实现高效的知识转移。

知识吸收距离主要是基于知识接收方而言，知识接收方与知识发送方由于在专业知识上存在不对等性，导致知识接收方接收到的知识与实际知识发送方实际发送的知识之间产生偏差。因此，知识能否有效转移，吸收距离是一个至关重要的因素，应从企业自身去丰富员工的知识储备，与对方做深入的沟通，降低知识的不对等性，缩短知识的吸收距离，提升知识的转移绩效。知识释放距离是基于知识的发送方的特征而言的，知识发送方的知识输出与自身原本的知识存储之间也会产生距离，主要源于知识发送方的知识储备、知识表达能力和知识传输意愿等因素。作为科研人员，在增强自身的知识储备的同时，要了解企业的真实需求，作为企业要营造良好的双方关系，从科研人员的知识转移意愿和知识转移能力去做有效提升，缩短知识传输的释放距离，提升知识转移的绩效水平。具体四大距离的内在关系如图 3-3 所示：

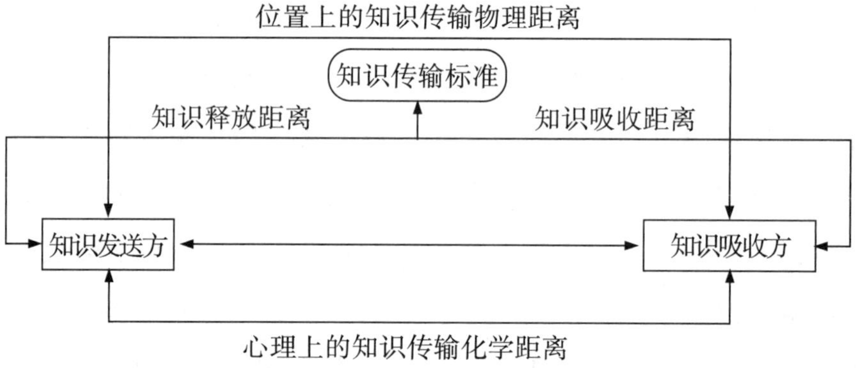

图 3-3　知识传输四大距离的内在关系

接着，从受精载体来讲，知识转移载体主要有知识系统性、知识协调性以及知识传播介质三种形式。在科技成果交付和转移之前，需对科技成果的知识基于企业的实施状况进行整合和链接，以知识的完整性和知识的协调性为知识整合的原则和导向。知识的完整性确保在知识的转移过程中将知识以整体的模块进行知识转移，而知识的协调性则是对各个知识子模块之间的关系要进行构建，让其各个子模块发挥有机协调作用。子模块之间的协调作用致力于实现知识整体模块功能。知识传播的介质在受精载体中也很重要，要综合统筹科研机构和企业的实际状况，选取有利于知识转移的知识传播介质，根据转移效果综合协调介质的选取，最终形成知识转移介质的集合。

最后，从提升受精主体的受精能力来讲，丰富知识主体的转移经历方能提升受精主体的受精能力。知识主体的知识转移经历主要涵盖知识转移时效、知识转移累积效应以及以往知识转移绩效三个层面。知识转移具有时效性，特别是现在数字经济的发展，知识更迭的速度加快，因此知识转移一定要基于现有的问题去实时转移，并基于现有的问题去完善和更新知识库，确保科技成果服务于企业问题的可操作性和可达成性。知识转移的累积效应和以往知识转移绩效是相辅相成的，以往知识转移绩效越高，知识转移的累积效应越强，尤其是隐性知识转移的累积效应的积累效果会更加明显和突出。以往的知识转移成了知识转移知识池的源头之水，为后期的知识转移注入了更多的能量和活力，确保后期知识转移的顺利实施。

三、阶段3：知识果实成长路径

“企业创新之果”的成长环节主要体现在服务的参与程度、知识的转化能力以及知识的挖掘能力三个层面。知识的转化能力是果实成长的土壤，若土壤贫瘠，果实成长没有基础。科研机构的实际服务的参与程度为果实成长的外在环境，科研机构的高参与程度以及科研机构和企业的双方合作赋予了果实良好的生长环境。知识的挖掘能力是果实成长的营养元素，给予全面科学的营养元素，果实方能长得更大更好。知识转换能力是企业创新果实成长的土壤。在成果交付后，企业拿到科研机构交付的研发成果，需对研发成果进行知识转换，而知识转换的原则一定是基于企业自身的实际状况，具体包括企业的现实市场环境、企业的现实制造环境、企业的技术状况等。参与知识转换的主体为全员参与，参与知识转换的过程为全过程参与。全员参与确保了知识转移的全面性，全过程参与确保了知识转移的全覆盖。具体知识转移的方法为企业员工结合自身的情况对现有科研成果的版本用自己的语言进行翻译，把外来的东西揉进自己的体系框架中，便于知识的转移和吸收。

实际服务的参与程度是企业创新果实成长的外在环境。在企业进行知识转移的过程中，自身的语言编译能力很重要，但科研机构的实际服务的参与程度不可忽视。由于科研机构与企业距离的产生，加之科研机构工作人员与企业员工的专业知识不对等性，导致企业在进行知识转化的时候出现障碍和断裂层。科研服务机构的实际服务参与降低了知识在交付后的应用障碍，修复了由于专业知识不对等性所导致的断裂结构，打通了知识转移的道路。

知识挖掘能力是企业创新果实成长的营养元素，较高的知识挖掘能力会使得企业的创新成果果实在长大的基础上还会衍生出更多的成果。通过企业的知识转移，配合以科研服务机构的实际参与后期服务，企业顺利地进行了科技成果的转化，解决了企业的问题。此时，企业不应该停滞不前，应该对“科技成果之花”的应用状况结合企业目前现有的以及未来可能面临的问题去做深度的知识挖掘。深度挖掘的目的在于为企业后期的问题去孕育花朵，为企业后期的技术创新去做铺垫，实现企业自主创新的创新模式。

第四节　双引擎的变迁模式

一、受精过程前置：科技创新顶天立地

习近平同志指出“科技成果转化问题不顺不畅问题突出，一个重要的症结是科研成果封闭自我循环比较严重，必须面向经济社会发展主战场，围绕产业链部署创新链，消除科技创新中的‘孤岛现象’”。仔细剖析科技创新之花到产业创新之果的成长模型，可将受精的过程前置，在“科技成果之花”的科技创新阶段，要破解“孤岛现象”，科技创新需“顶天立地”。“顶天”环节，科技创新需紧扣基础研究，围绕国家重大需求以及经济战场去扎扎实实开展基础研究，进行原始创新。原始创新可规避底层支撑出现革新时应用上的优势归零的风险，可解决技术创新中“卡脖子”的技术瓶颈问题。

科技创新的“立地”是基于原始创新中的原创技术的出现，领先技术是原始创新“落地”的表现，而“落地”的方式主要围绕市场需求和生产制造两个维度而衍生。紧贴市场需求和生产制造中的实际问题，研发出一批指导实践的领先技术。当领先技术出现的时候，许多企业也愿意合作，产业的应用反哺技术进化，

进而形成“领先技术—产业应用—技术升级”的良性循环。市场需求是科技创新的源动力，是激活创新价值的密码。科技创新只有同市场需求结合起来，才能实现从科学研究到实验开发再到市场推广的科学发展模式。“立地”越扎实，“顶天”方能向高处走，科技创新才能进行更前瞻更基础的研究工作。具体的科技创新“顶天立地”模式见图3-4：

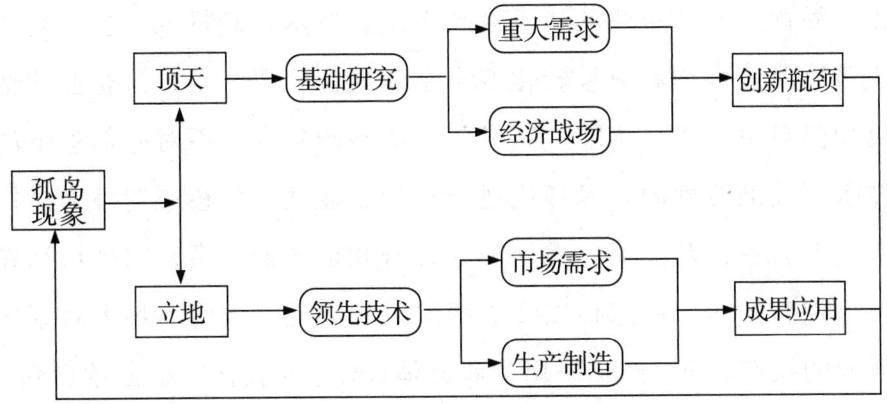

图3-4 科技创新“顶天立地”模式

二、受精过程后置：提高企业自主创新能力

《全球技术信息技术报告》中显示，2016年中国的网络就绪指数位于59位，但企业的创新环境在104位，创建新企业的时间以及复杂程度分别位于121和120位，这些数据表明我国企业的自主创新能力不足，这也是制约我国走向科技强国的一个重要的短板。斯坦福大学教授在研究美国技术创新的动力源中提出，市场需求拉动成为科技创新的主要动力源泉。企业是创新的主体，是推动

创新创造的主力军。而技术创新是企业的“命脉”，只有拥有自主知识产权和原创技术，才能生产出具有竞争力的产品。

因此，科技创新需从“需求侧入手”，以市场为导向，推动企业牵头，高校科研机构参与，地方政府服务的企业自主创新模式。企业技术创新需坚持开放合作互利共赢的模式，在技术引进和技术外溢的过程中，相关利益主体都获取了相应的利益，实现了帕累托最优。坚持企业的技术创新组织、技术创新投入、技术创新决策以及技术创新成果转化四个主体地位。要立足自身企业的情况加强自主研发，不能一味模仿，从基础技术、不对称信息下的技术以及颠覆性的技术形成适合自身企业独特的核心竞争力。提高企业自主创新能力，需处理好政府和市场的关系，明确市场在技术创新中的方向选择以及资源配置的问题。政府需加大对基础研究的扶持，助力产学研用的联合体，营造科技体制机制的创新。

第五节 本章小结

本章绘制了“科技成果之花”到“创新之果”企业的风险时间轴，从“科技成果之花”的风险、受精过程的风险到“企业创新之果”的风险构建了“科技成果之花”到“企业创新之果”的“历险记”。针对“历险记”的每一个风险节点打开深入分析潜在的风险，并基于风险时间轴提出了“科技成果之花”到企业“创新之果”的三阶段成长路径模型，具体路径为：

一阶段的花朵培育模型：以企业需求为导向为科技之花成长的土壤注入了活力，丰富了土壤结构；知识服务承诺赋予了“科技成果之花”充沛的阳光、丰富的营养和充足的水分，为“科技成果之花”提供了良好的生长环境；持续的加强行为犹如梳理器，优胜劣汰保留了优质的“科技成果之花”，为后期成长为优质的企业“创新之果”奠定了基础。

二阶段的受精过程模型：分别从知识转移距离的受精外在环境，知识转移载体的受精载体以及知识转移经历的受精主体能力进行建设。要有效地完成受精过程，从外在环境分析，需缩短知识传输的物理距离、知识传输的化学距离、知识吸收距离以及知识释放距离。从受精载体来看，结合科研机构和企业的实际状况去综合选取适合知识转移的传播介质，并且对所转移的知识进行系统性和协调性的语言翻译，最终服务于整体知识的有效转移。

三阶段的果实成长模型：从知识的转化能力、实际的服务参与以及知识挖掘三方面赋予了果实成长的土壤、环境以及营养元素。知识转化要结合企业实际，满足全员参与与全过程覆盖的原则，确保外来的知识高效地融合到自己的知识库中。实际服务参与降低了知识的应用障碍，弥补了由于专业知识不对等性所导致的知识断裂结构，打通了知识转移的道路。深度的知识挖掘使企业去对所转移的研发成果去做横向和纵向的深度挖掘，在结出更多创新之果的基础上提升自身企业的自主创新能力。

最后，针对模型进行过程动态调整，分别将受精过程前置和后置进行讨论，提出了科技创新“顶天立地”以及增强企业自主创新能力的发展模式，解决好成果转化的问题。

第四章

企业知识创新隧道建设双引擎结构体系

知识转移路径的研究建立在研发服务的交易机制及交易风险分析的基础上。研发服务交易机制的研究在双方信息完全对称、双方信息部分对称以及双方信息完全不对称三种情形下，以技术发展和市场需求作为二维矩阵，构建研发服务的市场交易模型，提出不同情形下的研发服务交易路径关系，分析各种交易路径关系中存在的交易风险。知识转移贯穿于研发服务交易的每个环节，是研发服务交易的主线。

知识转移路径从知识的输出者、知识的输入者、知识的输入途径、知识的输入距离，知识的输入介质五个维度构建知识转移模型，知识转移模型主要分析五个维度下知识转移的特质、风险及每个维度下影响知识转移的相关因素。最后，在知识转移模型的基础上，绘制完整的知识地图，准确地识别知识转移的方向与目标，确保知识有效转移，为知识的深度应用奠定基础，为创新隧道的建设提供强有力的动力支撑体系。

第一节　双引擎的基本要素

一、知识转移客体

知识是人类在实践中认识客观世界（包括人类自身）的成果，它包括事实、信息的描述或在教育和实践中获得的技能。知识是人类从各个途径中获得的经过提升总结与凝练的系统的认识。在哲学中，关于知识的研究叫做认识论，知识的获取涉及到许多复杂的过程：感觉、交流、推理。知识也可以看成构成人类智慧的最根本的因素，知识具有一致性，公允性，判断真伪要以逻辑，而非立场。知识的定义在认识论中仍然是一个争论不止的问题，罗伯特·格兰特指出，尽管"什么是知识"这个问题引起了世界上众多伟大思想家的兴趣，但至今也没有对知识的定义有一个统一而明确的界定。

20世纪50年代，世界著名的科学学大师迈克尔·波兰尼发现了知识的隐性维度，并认为是他一生中最重要的发现。从类型学看，知识可分为简单知识和复杂知识、独有知识和共有知识、具体知识和抽象知识、显性知识和隐性知识等。知识的类型、知识的复杂度、知识的数量、知识的专属度都会对知识粘性产生影响。

就知识的类型来看，隐性知识的知识转移绩效低于显性知识的知识转移绩效。就知识复杂度来看，那些复杂的知识的知识专业性强、技术原理深奥，因此难以被轻松地理解故造成知识转移绩效较低。就知识数量来看，转移的知识数量，大导致知识转移绩效越。就知识专属度来看，知识专属度高的知识被一小部分人所掌握，很难进行大规模的传播与转移由此造成较差的知识转移效果。还有学者基于路径依赖性的概念提出知识的特性。

组织内部知识转移过程中的知识具有因果模糊性和不可证实性的特征：因果模糊性是指对于特定知识的内涵以及运用该知识所产生的后果难以明确的说明；不可证实性是指对于知识的运用难以进行记录，由此导致了知识转移难度的增加。战略联盟间的知识转移具有知识隐晦性、知识专用性和知识复杂性的特征。知识隐晦性是指知识难以清晰表达的特性，它认为战略联盟间转移的知识都具有很强的隐晦性难以清晰地表达。知识的专用性是借用了经济学上资产专用性这一概念的意义，是指知识一旦进行了转移它的效用会发生降低，由此导致知识转移的难以进行，产生了知识粘性。知识复杂性是指特定的知识都包含大量的技术、技巧、惯例这就使得知识变得复杂难以清晰地表达，由此也导致了知识粘性的产生。

知识的可编码性、知识的可抽象性和知识的层次性影响知识的有效转移：知识的可编码性就是指原本晦涩的知识可以通过文字、图表的形式被表达出来的特性；知识的可抽象性是指知识可以被凝练总结的特性，越是可以被凝练总结的知识其可抽象性就越高，也就越容易表达。知识的层次性是指处于不同层次的知识具有不同的特征，从技术诀窍到技术说明书，再到技术产品知识所处的层次不同具有不同程度的特征。知识的内嵌性和知识的可表达性也是影响知识有效转移的重要因素。知识的内嵌性是指知识嵌套在一定的载体之中，就研发知识而言，它嵌套在研发人员的头脑、知识转移的途径、知识转移的流程、组织的规则制度等一系列复杂的内容之中，很难被清楚地识别与转移，由此导致了知识粘性的产生。知识的可表达性是指知识能够用说、写、画等方式描述清楚。

二、知识转移主体

知识转移者包括知识发送方和知识的接收方。知识转移者作为知识转移活动行为的主体，对于知识粘性的产生起到很大的影响。知识转移者的发送意愿以及知识转移者是否能得到知识接收者的信任对于知识转移非常重要。知识转移者对于知识的保护态度、知识转移方的知识的编码能力、知识转移意向、转移知识的能力以及对于知识受体的信任会对知识转移产生重要的影响。知识转移者所拥有的知识的数量、知识转移者进行知识转移的意向和态度、知识转移者对于知识受体的信任以及知识转移者转移知识的能力都会对知识转移产生影响。知识主体的期望、知识主体的认知结构、知识主体的关系网会对知识粘性产生重要的影响。知识主体的期望是指知识主体对于知识转移活动所获得的收益进行的预期，如果知识转移主体对收益的预期较好他就会积极地进行知识转移。知识主体的认知结构是指知识转移主体的知识储量，知识转移主体的知识储量越大，他掌握的技能也就越多进行知识转移的能力也就越强。

知识接收者作为知识转移活动中主要的一方，他本身的特征会对知识转移效果产生重要的影响。知识接收者的吸收能力对于技术信息的传播产生重要的影响，知识接收者较低的知识吸收能力将导致信息技术在传播过程中存在较多的成本。知识接收者的知识吸收能力、知识编码能力、知识译码能力以及知识接收意愿都会影响知识转移绩效。知识接收者的学习能力、吸收能力和保持能力对于知识转移非常重要的影响，当知识接收者缺乏相应的学习能力、吸收能力和保持能力时，知识转移活动就会处于中止的状态，由此会降低知识转移效果。知识接收主体的知识能力即显性化能力和隐性化能力会对知识转移过程产生重要的影响，在知识转移过程中要经过显性化、隐性化和融合的过程才能顺利完成知识的转移，知识接收者只有具有知识显性化、隐性化和知识融合所需要的能力，才能减少知识粘性，顺利实现知识的转移。

三、知识转移渠道

知识转移各方之间进行知识的传递、交流，吸收的通路就是知识转移的渠道。根据张光磊与刘善仕等的观点，知识转移的渠道被认为是知识接收者与提供者之间发生知识传递的桥梁，它包括人、组织、制度、符号、网络等因子，如果没有知识转移的渠道，那么知识转移就不存在。

经过丰富和多样化的知识转移的渠道，能使企业与外部主体的信息流和数据流同步增长，提高企业识别和转化有效知识信息的能力，提高组织与外部主体知识整合和交流的频率，最终达到知识转移的效用最大化。知识转移的渠道为知识转移各方之间知识的顺利流动和有效共享打下了基础，这种渠道的存在有利于知识转移机制的构建，从而保证知识转移的有效进行。因此，知识转移活动能否顺利进行的一个重要条件就是知识转移的渠道，知识转移的渠道的丰富程度愈高，知识接收者与提供者之间的知识交换的频率就愈高,从而促进知识在知识转移各方之间的有效转移。

四、知识转移双方关系

在知识已经成为企业重要战略资源的情况下，仅靠企业内部知识实现创新是远远不够的，外部知识源已经成为企业重要的创新来源，而企业与外部知识源之间如果缺乏信任关系，那么知识转移活动就无法顺利进行，知识转移是一种个人的意志、能力，其必然受到双方关系的影响。与此相反，若双方之间相互信任与理解，那么双方之间共享知识、交换创意，知识转移过程则更加顺畅。因此，知识转移各方之间保持和谐的关系，是知识转移能够顺利进行的一个十分重要的条件。

知识转移效果产生在知识从知识转移方转移到知识接收方过

程中，知识转移效果与知识转移双方的关系有密切联系。如果知识转移双方的关系比较紧密，知识转移双方对于知识转移活动的认可度就会比较高，知识转移双方在知识转移过程中付出的努力会比较多，知识转移的开展就会比较顺畅。相反，如果知识转移双方的关系较为生疏，他们对知识转移活动形成一致性意见的可能性也就会比较低，在这种情况下知识转移活动的开展就会面临较多的阻力，知识转移效果较弱。

组织内部的知识转移受知识转移双方的信任影响。信任的缺失使得知识转移方不愿意发送自己的知识，同时使得知识接收方不愿轻易接受来自同事的知识，这样知识的转移就难以顺畅地进行，知识转移双方缺少信任是造成知识转移效果不好的重要原因。

组织间知识转移双方的关系为组织间的知识距离、组织间的空间距离、组织间的规范距离等因素。组织知识距离是指知识转移双方组织所掌握的知识的差距，在知识转移过程中往往是知识转移方掌握的知识多，知识接收方掌握的知识少，由此造成知识距离的存在。组织的空间距离就是指知识转移双方的组织在物理空间上的距离，物理空间距离大的组织可能在组织结构、组织文化等方面存在着较大的差距，这也会造成知识转移双方对于同样的知识产生不同的理解由此造成了知识粘性。组织的规范距离是指组织在规则制度、组织活动流程等方面的差距，这些因素会使得知识转移者对于知识的理解、应用存在着差别，由此造成了知识粘性的产生。

第二节　双引擎的知识滞留

一、知识滞留的源结构

伴随着研发服务成果的交付，研发服务机构与所服务的制造企业的关联关系相继中断。在后期研发服务指导企业应用实践的过程中，制造企业对研发服务成果的知识掌握程度薄弱，孤立无援，研发服务成果的利用率水平偏低，服务于制造企业的创新能力更是雪上加霜。基于此，制造企业和研发机构的彼此信任遭到质疑与破坏，形成恶性循环，使得研发服务的科技服务能力和制造企业的创新能力处于瓶颈阶段。因此，研究研发服务功效不能得以正常发挥的原因。本研究引入间接网络效应，从“硬—软”范式的视角分析研发服务服务企业的缺失环节，为研发服务配置双引擎。

在间接网络效应“硬—软”范式的理论框架下，以研发服务产品为硬件产品，以知识有效转移和知识深度应用的技术服务为软件产品。基于研发服务产品本身的知识混合性和高度不确定性，本研究将以往的“硬件确定—软件不确定”的单重不确定性问题拓展为“硬件不确定—软件不确定”的双重不确定性问题。通过双引擎的引入，建立研发服务机构与制造企业的合作伙伴关系，确保研发服务的知识顺利转移以及知识的全面深度应用，提高研发服务的科技服务能力，提升研发服务对制造企业的创新水平。

双引擎的配置首先要从双引擎的启动条件入手进行分析。在 $t=0$ 时，研发成果交付，研发服务的特性使得知识转移路径不畅，转移绩效偏低，大量的隐性知识被滞留。$t=1$ 时，研发成果交付后，知识的控制权使得研发服务的知识应用偏弱，知识扩散的足迹模糊以及知识的创新力度不足。因此，在研发服务的成果交付过程中，知识滞留的源结构为 $t=0$ 时期的知识转移和 $t=1$ 时期的知识应用。

二、知识转移一阶段知识滞留形成的机理

研发服务的成果交付过程中知识滞留的源结构为知识的深度转移，从时间关系上表现为 $t=0$ 时期的知识转移和 $t=1$ 时期的知识应用。知识滞留的内部结构分别是基于两个阶段的源主体进行打开研究。首先，在 $t=0$ 时期的知识转移阶段，主要发生的行为为知识从知识转移方转移到知识接受方，此时的知识滞留主要发生在知识初始转移的过程中。在知识的初始转移过程中，知识滞留主要存在于知识主体与知识客体之间的作用关系以及知识主体之间的相关关系。知识主体与知识客体之间的作用关系主要表现

为，知识转移方需经过对要转移的知识进行知识设计以便更好地转移给知识接收方。知识本身具有粘性，Hipple 给出了知识粘性的定义：“信息需求者在特定地点应用单位信息所付出的成本”[8]。正因为知识本身粘性的存在，所以在知识转移过程中由于知识载体的选择，知识模块的搭建以及知识的系统性设计等原因都会导致知识在本身的环节存在知识滞留。

知识主体之间的相关关系表现为知识转移者与知识接受者之间的相互作用关系。首先，从知识转移方来讲，知识转移主体的知识转移意愿以及知识转移能力是知识滞留产生的源头。也正是基于知识的内隐性的特征，如果转移方的转移意愿不强，不主动进行知识转移，不乐意进行知识转移，此时很多的隐性知识甚至是显性知识会被滞留。转移能力主要表现为知识转移人员的专业能力、沟通能力以及问题解决能力。专业能力是知识转移的源头，沟通能力是转移人员将知识输送的纽带，问题解决能力实现了知识在转移方和接收方之间的互流。

知识转移方和知识接收方之间的知识转移距离是影响知识转移绩效的重要因素。知识转移双方的转移距离主要包括物理距离、化学距离、释放距离和吸收距离。其中，物理距离表示二者之间的位置距离，二者之间的位置距离越远，知识滞留的程度就越大。化学距离是指二者之间的心理距离，适当的心理距离可有效促进知识转移的进行。心理距离主要体现为知识转移的双方关系，若二者为彼此信任的良性关系，则心理距离较小，知识转移也会更顺畅。释放距离指转移方对知识控制的程度，尤其是对隐性知识的释放程度。知识的吸收距离由于在专业知识上存在不对等性，导致知识接收方接收到的知识与实际知识发送方实际发送的知识之间产生偏差。

知识接收方是知识产生效应的重要载体，接收方的吸收能力是知识发挥效应的基础，吸收能力是在知识转移过程中接收方成功地理解、运用知识的能力。在整个过程中，吸收能力的源头为知识需求，知识接收者要清楚自己的知识需求，要了解自身的知识储备，要保持学习能力，要了解自身知识结构和所需求知识之间的衔接关系。最后，知识接收方要保持与转移方的知识互流，要具备强大的沟通能力去解决在知识接受中所遇到的问题。

三、 知识应用二阶段知识滞留形成的机理

在 t=1 时期的知识应用阶段，研发服务的成果交付的初级阶段已经完成。但由于 t=0 时期知识客体、知识主体、知识客体与知识主体、知识主体之间的作用关系、知识主体与知识客体之间的作用关系以及知识主体之间的作用关系导致部分知识在各个环节存在滞留，尤其是隐性知识的滞留程度大于显性知识的滞留程度。由于 t=0 时期的知识滞留的存在，使得原本在 t=1 时期的知识应用的二阶段知识滞留的情形更加严峻。

在 t=1 时期的知识应用阶段，知识的传播路径为知识整合、知

识的扩散，知识的挖掘以及知识创新。在知识整合阶段，对于知识接收方而言，是一个知识先内化后外化的过程。接收方将接收到的知识进行输入，与原有的知识进行融合，形成新知识，针对现有要解决的问题进行知识转化和知识输出。在整个整合的过程中，接收到的知识不足、自身知识不足、融合和转化能力不足，都会在知识整合阶段形成大量的知识滞留。

在知识挖掘阶段，主要是对现有的知识结构进行进行横向和纵向的拓展延伸，横向阶段对知识的边界进行相关链接，在纵向阶段，要不断地挖掘现有知识模块之间的深度关系。在知识挖掘阶段，一方面需要结合企业的具体情况去做关联；另一方面，结合现有的研究基础需要与前期的知识转移方进行深度的合作和交流。因此，知识基础和知识的深度关联极可能成为知识挖掘的"拦路虎"。在知识扩散阶段，要对已经整合好的知识以及充分挖掘的知识进行组织内部的知识传播和知识共享。在此阶段，开始了新一轮的知识转移，此时之前的知识接收方转换成为知识的转移方，而组织内的成员成为知识的接收方。在新一轮的知识转移过程中，知识转移双方的转移（吸收）意愿、转移（吸收）能力、知识载体，知识传播路径以及转移方双方的转移距离都会成为知识扩散中影响知识滞留的重要的影响因素。在此阶段，知识滞留在主客体及其主客体关系发生改变的情形下实现了路径循环。具体的两阶段知识滞留网络循环路径见图 4-1 所示。

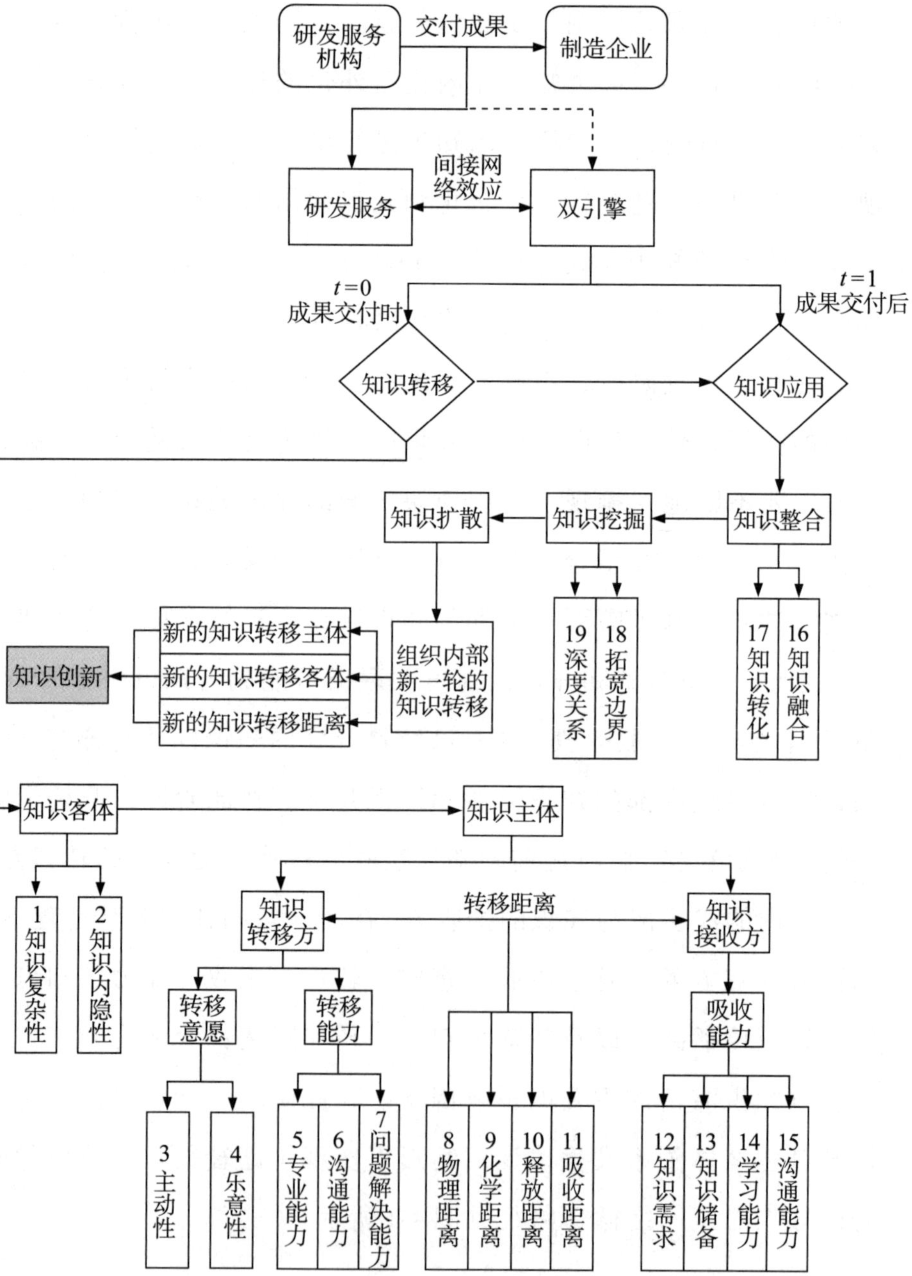

图 4-1　两阶段知识滞留网络循环路径

第三节　双引擎的结构地图

一、知识转移的环境分析

知识转移的开启需建立相应的知识环境。知识环境主要是由关系嵌入、知识共享和知识创新建立的三维网络知识环境。关系嵌入是指在一阶段和二阶段的知识转移中知识转移方和知识接收方之间的关系嵌入程度，即是研发成果交付时知识转移人员和企业知识接收人员之间的关系以及企业内部的员工之间的关系嵌入程度。在一阶段的知识转移过程中，知识转移人员需要全面了解接收方的知识需求，毫无保留地进行全方位的知识转移，并且针对知识转移中的问题能实时解答。在二阶段的知识转移过程中，组织内部成员需要主动，尽力去分享已有的知识，进行知识扩散。

知识创新是组织技术创新的基础，是推动组织经济发展和科技发展的重要力量。企业应该建立知识创新的企业文化，鼓励创新，为员工提供轻松而灵活的创新氛围，包容失败，建立试错机制，将创新过程纳入到工作的考核范围中。知识创新氛围的建设，为知识的有效转移，知识的流通建立了传递渠道。知识共享是组织内部成员之间相互交流，使知识由个人的经验扩散到组织的层面。组织层面的知识有助于个体遇到问题时提供解决的办法，个体问题的解决可反馈至组织的知识系统里，最终提高组织的效率。

在三维的网络知识环境中，关系嵌入为知识的深度转移提供了主体行为环境，激发了主体行为的转移意愿；知识创新为知识转移建立了支撑平台，建立了以知识创新为导向的转移环境；知识共享是促进知识在个体之间以及个体和组织之间的流通，增强个体和组织的知识能力，提升了知识转移中主体行为的转移或吸收能力。三者之间相互融合辅助，为知识转移的开启营造了良好的知识生态环境。

二、知识转移的主体结构

知识转移的主体结构为三维主体结构：知识转移方、知识接收方以及企业。企业为知识的输入端。企业基于现实的问题产生知识需求，知识转移方基于企业的知识需求进行知识研发，之后将研发的知识进行知识输出。三维主体结构之间的关系为知识转移方为知识的输出端，知识接收方为中间端，知识接收方作为知识传输路径的中间端，扮演着知识吸收，知识处理以及知识分享的角色。中间端的知识接收方即是一阶段知识转移方转出知识的输入端，又是二阶段将知识输出给企业的输出端。整体上的三维主体结构的关系为“输出—输入—输出—输入”的模式，权衡好三位主体结构的内在关系为知识转移主体结构效用的发挥起着基础性的作用。

知识转移的主体结构首选源于知识转移方的知识输出端。从知识转移方出发，首先要识别知识转移方的知识输出意愿，主要从态度和责任心层面去鉴定，也要注意寻求影响知识转移方的知识输出意愿的相关因素，从接收方的视角去更多地激发转移方的知识输出意愿。在较强的输出意愿的基础上，要识别对方的知识输出能力，输出能力主要体现在输出者的专业能力、知识表达能力、知识设计、知识载体的选择，沟通能力以及问题解决能力六个方面，接收方可从六个方面去鉴定对方的输出能力。其中知识设计和知识载体的选择是基于知识客体进行的。知识设计应该坚持系统性、协同性的原则，设计知识模块，并且搭建知识模块之间的关系。输出能力也要建立在接收方的问题描述、知识反馈以及问题沟通的基础上。因此，要在做好基础工作的基础上最大化对方的知识输出能力。知识控制是在知识输出意愿和知识输出能力的基础上转移方输出知识的程度，要激励转移方毫无保留，全方位、全过程地进行知识转移，减少知识控制的程度。

知识转移的主体结构的中转结构为知识接收方的知识输入端。影响知识接收的主要环节为知识的吸收意愿和知识吸收能力。知识的吸收意愿建立在知识需求以及知识价值的基础上，接收方需明确自身的知识需求以及吸收知识带给自身的价值，最大化自身的知识吸收意愿。知识吸收能力建立在接收方自身的知识结构和知识存量的基础上。加强自身知识结构，需要较强的知识内化和知识融合能力，且需要较强的沟通能力，从而有效促进了知识的吸收。

知识转移的主体结构的终端结构为企业。知识接收方在一阶段知识接收完成后，开始二阶段的知识输出，二阶段的知识输出的路径为“知识整合—知识挖掘—知识扩散—知识应用”。首选，在知识整合阶段，接收方将接收到的知识与原有的知识进行融合，形成解决现有问题的新知识。在问题解决的过程中，要深入研究现有知识结构之间的模块关系以及可能延伸的问题，针对延伸的问题进行知识链接，做好知识的深度挖掘工作，形成知识包，构建知识链。知识扩散阶段是将深度挖掘的知识包和知识链进行知识释放、知识共享，知识扩散需建立完善的知识扩散网络，并且形成完善的知识共享机制，让知识流在知识扩散网络中流转。在知识扩散网络的支撑下，知识包与知识链被成功地应用在企业中，实现了知识的终端应用。

三、知识转移的传输模式

知识转移的传输模式体现为“两极关系+两极距离+传输渠道模式+传输渠道机制”四层面的相互融合。两极关系是指知识的外源输入方和知识接收方之间的关系，良好的关系体现为知识转移双方对于彼此转移行为和转移能力的认可。因此，知识转移双方要建立信任且良好的关系是知识传输的有利保障。在知识转移方和知识接收方的两极距离方面，主要包括物理距离、化学距离、释放距离和吸收距离。保持知识转移双方适当的物理距离，拉近彼此的化学距离，通过两极关系的建立缩减知识转移方的知识释放距离，最后通过知识接收方的知识补充减少知识的吸收距离。缩短四大距离是知识有效传输的助力器。

在传输渠道的模式设计方面，构建“线上+线下”的知识传输渠道，渠道的设计要保障渠道的通达性和可重复利用性结合线上世界的及时性和线下世界的亲密性，依据知识模块的特征去有针对性地选择具体的传输渠道，确保知识及时高效进行转移传输。在传输渠道的机制层面，主要考虑渠道的阻力和动力机制。动力机制和阻力机制是相对应的，在之前分析的知识主体、知识客体、知识主体与知识客体之间的关系，知识主体之间的相关关系的干预方式都有可能形成渠道的动力机制或是阻力机制。因此，科学地设计知识转移的传播渠道并且进行合理的干预使得知识转移渠道的动力大于其阻力，知识转移便可以有序开展。具体的知识转移模型见图 4-2 所示。

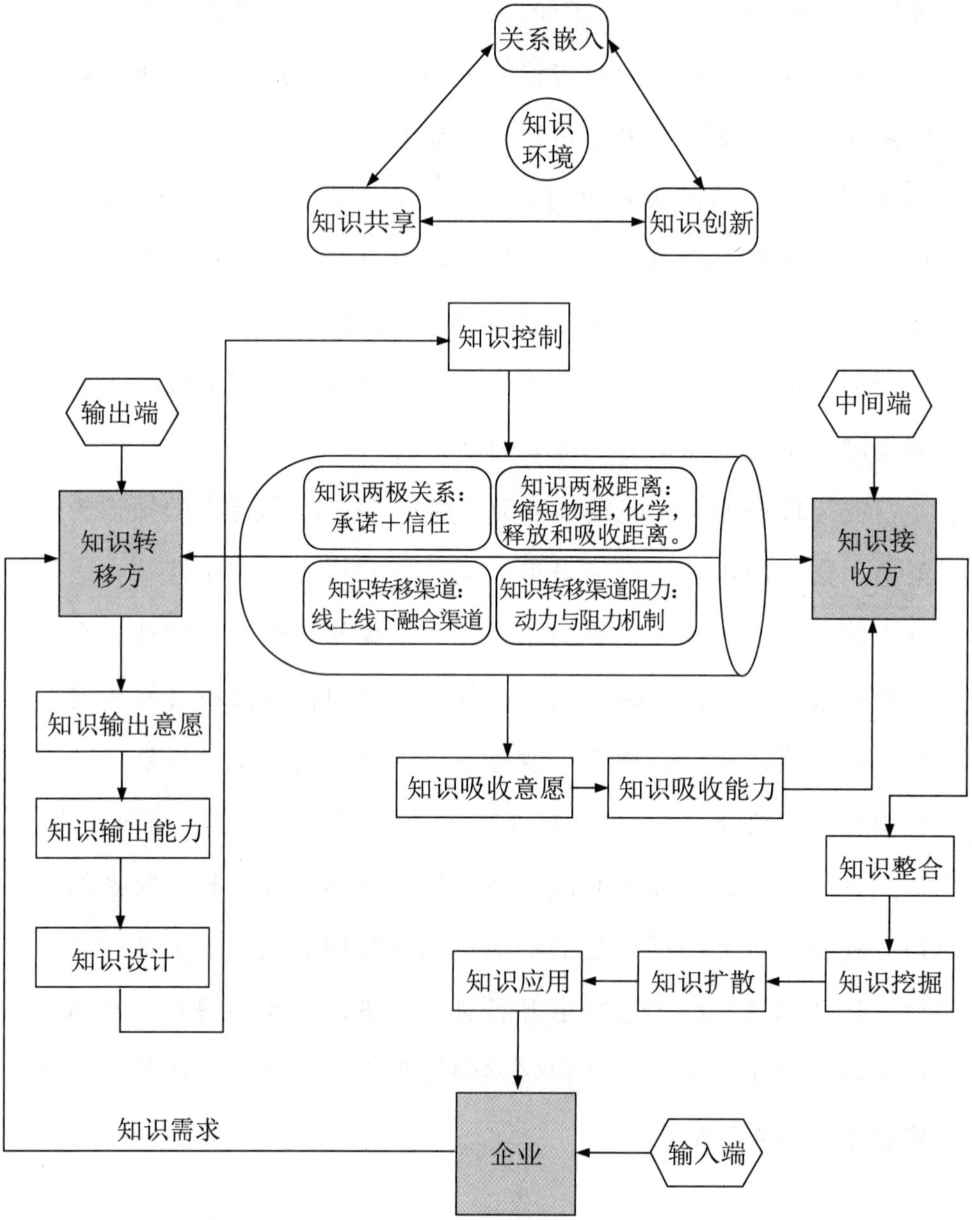

图 4-2　双引擎的结构地图

第四节　本章小结

知识从研发主体向用户主体的知识深度转移是研发成果转化为生产力的“最后一公里”，是技术创新资源能否有效利用的关键触点，直接决定了研发服务的市场绩效，决定了企业的技术创新发展水平。本章主要研究在研发服务成果交付过程中产生知识滞留的风险点，基于知识滞留的形成机理提出了知识导航模型。具体的研究结论为：

第一，知识滞留的源结构为 t=0 时期的一阶段知识转移知识滞留和 t=1 时期的二阶段知识应用知识滞留。在分析两阶段的知识滞留时，从知识客体本身，知识主体，知识主体之间的相关关系，知识接收方的知识处理环节给出了 19 个知识滞留风险点，提出了两阶段知识滞留网络循环路径关系图，为知识导航模型的设计奠定基础。

第二，基于两阶段知识滞留的网络循环路径，分别从知识导航的环境分析，知识导航的主体结构以及知识导航的传输模式建立了知识导航模型。知识环境主要由关系嵌入，知识共享和知识创新建立的三维网络知识环境。知识导航的主体结构为三维主体结构：知识转移方、知识接收方以及企业，三维主体结构的关系为“输出—输入—输出—输入”的模式。知识导航的传输模式体现为“两极关系+两极距离+传输渠道模式+传输渠道机制”四层面的相互融合。知识导航模型的建立，有效控制了源结构阶段的知识滞留问题，促进了知识的深度转移。

第五章

企业知识创新隧道建设引擎1的绩效评价

基于SERVQUAL质量评价体系构建了研发服务知识转移的用户服务感知质量的指标体系，进而提出了相关的假设，构建了研发服务知识转移的用户服务感知质量概念模型。其次，对研发服务知识转移的用户服务感知质量的概念模型进行实证分析，构建了研发服务知识转移的用户服务感知质量的多元线性回归模型，研究表明，响应性、保证性、移情性、可靠性和有形性都会对研发服务知识转移的用户服务感知质量产生正向影响。最后，本章从研发服务机构以及企业自身的二维视角提出了增强研发服务知识转移的用户服务感知质量的相关对策建议，使得研发服务的知识有效转移至企业，提升研发服务的应用水平。

第一节　引擎 1 的感知质量概念模型

一、服务质量概念模型的重要性

随着创新模式的改变及企业分工的越来越明确，研发服务在产业发展链条中也越来越不可或缺。社会对于研发服务的需求也不断增长，尤其是对中小型企业而言，其自主研发能力普遍较弱，主要依靠技术转移的方式获取创新能力。研发服务和传统工业和传统服务业都有较大的区别，主要在于研发服务业依靠专业的技术和知识积累，会率先使用先进的技术，但同时，在研发的过程中同样存在着一定的风险。Gosain 将研发服务产品与一般产品进行比较研究，指出研发服务具有高投入、高风险、知识性、非物质性的特殊特征[9]。同时由于研发服务产品涉及知识的综合性而呈现出高度不确定性，导致研发服务成果转化生产力不足，不能很好地服务制造企业用户，导致制造企业对研发服务机构的满意度不高。随着研发市场的日趋成熟，企业不仅希望从研发服务企业得到专业的技术指导，同时也希望可以在整个过程中体验高质量的服务。

Williamson认为研发服务商品从交易的视角看并不符合原有标准商品的概念，认为是半标准商品，由于信息不对称的原因导致交易的效率很低[10]。如何促使制造企业与研发服务机构识别双方的身份，促进二者之间的高效合作，解决好从知识主体向用户主体的知识转移及知识应用，这是研发成果转化为生产力的“最后一公里”，决定了研发服务的市场绩效。研发服务可以看作是研发服务企业根据客户的需求创造相应的知识产品并进行知识转移，对客户企业起到促进作用的过程。研发服务作为一种提供技术指导或者知识创新等智力成果的无形产品，客户对研发服务成果转移过程中较高的服务感知质量已经成为衡量研发服务质量水平高低的重要评判标准。

在上述的研究背景下，提出本章的研究问题：在研发服务成果转移过程，中客户的服务感知质量的影响因素有哪些？具体的影响路径关系如何？最终根据服务感知质量的影响因素及其相关的影响关系去提出提高研发服务市场绩效的对策建议，解决好研发成果转化为生产力的“最后一公里”的问题，真正实现研发成果的转化落地，促进经济高效发展。

二、基本概念

1. 服务质量及测量

1982 年，认知心理学派提出了服务感知质量，服务质量属于主观范畴，主要是由于消费者对服务的期望和真实服务之间的比较产生。在该理论的基础上，他又提出了服务感知质量的三维模型，把服务质量的构成维度定义为“企业形象”“技术质量”与“功能质量”三点。1984年，学者们对其提出的服务感知质量模型进行了进一步的修正，将其划分为“技术质量”“功能质量”两个维度。技术质量也可被称作“结果质量”，通常来说是指有形的东西，代表消费者从整个消费过程中获得的东西。例如在超市购物，顾客最终获得了自己想要的东西，这就可以被叫做“技术质量”，但这并不是一次服务的全部，功能质量是另一个非常重要的部分，它代表了整个服务的过程中所带给顾客的感知，表明消费者是如何被提供服务的，还以超市购物为例，顾客所购得的商品可以被称作技术质量，而在整个过程中，顾客挑选物品和结账时所花费的时间，是否有得到工作人员的耐心引导和解答，都是功能质量所要考虑的范畴。功能质量相是比较主观的，对整体的服务感知质量影响显著。

PZB在研究了前人对于服务质量的研究后提出，服务质量取决于用户对于服务的实际感知与对于服务的期望之间的差距。对于服务而言，存在服务过程和服务结果这两个方面，1988年，PZB提出了服务质量差距模型，指出了为何会产生顾客的实际服务感知和服务期望之间的差距，细分出了“有形性、保证性、响应性、可靠性、移情性”等五个因素[11]。

PZB在对银行，证券等行业的调查研究以后，创建了SERVQUAL模型，该模型存在五个测量维度：“响应性、保证性、移情性、可靠性和有形性”。从多个方面去全面地考虑顾客的用户服务感知质量与期望服务之间的差距。

尽管目前对于该模型仍有争议，但对于服务质量的测量，大多数还是采用这五个维度进行研究。涉及到保险、银行、汽车等多个行业。PZB还在理论的基础上构建了22道量表测量题目，分成两个部分，首先是顾客对于该服务的期望，第二部分是顾客对于该服务的实际感知。分数越高，表明顾客对于该服务的认可程度越强。

SERVQUAL模型的运用，其实是通过对于打分的计算实现的，其基本原理如下：

SERVQUAL分数（SQ）= 实际感受分数（PS）– 期望分数（ES）

当 $PS > ES$ 时，即 $SQ > 0$ 时，实际服务感知超过服务预期，表示顾客非常惊喜，超出预期。

当 $PS = ES$ 时，即 $SQ = 0$ 时，实际服务感知与服务预期相等，表示顾客比较满意。

当 $PS < ES$ 时，即 $SQ < 0$ 时，实际服务感知比顾客的预期低，表示顾客对服务不满意。

在具体的计算过程中，可以采用如下公式实现，该式可计算单个用户的服务感知质量差距，最后再对所有用户的服务感知质量差值进行平均就可以得到最终的平均SQ值：

$$SQ = \Sigma_{i=1}^{22}\left(P_i - E_i\right) \quad (5\text{-}1)$$

在该式中，SQ表示单个客户的总体服务感知质量，P_i 表示每个问题的用户服务期望，E_i表示每个问题用户的具体服务感知。

但该计算方式仍有一些不足，因为这样计算必须满足一个前提条件，即所有的属性在客户心中的重要性是相同的。但在实际情况中，这个假设常常是不成立的，不同的属性在客户心目中的重要地位是不同的，正因为如此，人们在上式的基础上进行了改良，为每个属性进行加权，再求得最终的SQ值：

$$SQ=\sum_{j=1}^{5}W_j\sum_{j=1}^{R}(P_i-E_i) \quad (5\text{-}2)$$

在上式中，SQ表示单个用户的总体服务感知，W_j表示的是每个属性的权重，R表示的是每种属性的题目的个数，P_i表示的是单个问题的用户期望服务质量，E_i表示每个问题的用户具体服务感知。

2. SERVQUAL质量评价体系

服务质量在整个销售服务环节扮演着非常重要的角色，影响着顾客对于服务的整体评判。在当前市场竞争越来越激烈的前提下，不重视服务质量的企业将被市场淘汰，任何一家公司，如果想要获得长久且稳定的发展，那么服务质量就必须放在公司非常重要的位置，作为公司重点关注的指标。

与我们共同的产品质量不同，服务质量往往是客户主观评价出来的，取决于客户感知的服务质量与服务期望之间的差距。由于世界上没有两个完全相同的服务人员，对于同一产品或服务的服务质量的感知往往因人而异。对于企业来说，服务质量取决于用户使用和评价后，对用户期望服务与实际服务感知质量之间差距的评价。

由于服务质量所包含的主观性和不确定性，因此对于服务质量的测量通常是比较困难的，在这里，我们将使用SERVQUAL指标体系将顾客对于服务的评价量化，这可以帮助我们更好地完成抽象的服务质量的测量，SERVQUAL服务质量指标体系也是目前对于服务质量测量应用最为广泛的方法。

“SERVQUAL”是由”services”和”quality”两个单词组成的，是基于PZB的服务质量差距模型即5GAP模型提出的，在该理论中认为，顾客感知服务质量和期望服务之间一共存在着五个方面的差距，它们分别是：

差距一（GAP1）：管理者认知的差距，这一差距产生的主要原因是对于市场供需关系分析的不充分，以及臃肿的组织结构干扰了与用户之间的交流，对用户的信息产生误读。

差距二（GAP2）：质量标准的差距，这一差距是指质量标准与管理者的期望不一致，导致该差距产生的主要原因有计划的失误以及计划管理的混乱，以及服务质量计划在公司内部无法得到高层的支持。

差距三（GAP3）：服务交易差距，这种差距主要是指生产交易过程中，员工的行为不符合规范，形成的主要原因是：标准过于苛刻和复杂，标准与企业文化之间的冲突，以及服务生产管理的混乱等。

差距四（GAP4）：营销传播差距，这种差距指的是营销传播行为中所作出的承诺与实际不符，主要原因有：营销沟通计划与服务生产没有统一，以及在营销过程中做出的不切实际的允诺有关。

差距五（GAP5）：感知服务质量的差距：这一差距是主要是由于顾客实际感知的服务质量与对期望服务之间产生的差距。此差距形成的原因多样，可以归因于以上的四种差距，在我们测量的过程中较为重要。

服务质量差距模型如图 5-1 所示：

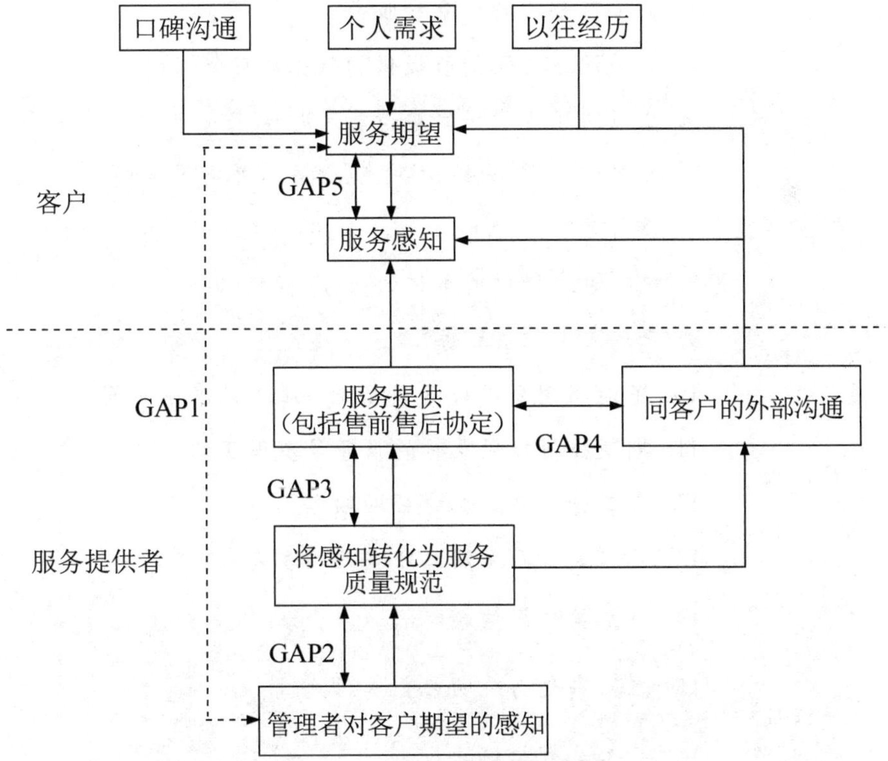

图 5-1　服务质量差距模型

在上述的理论基础上,PZB等三位学者创建了基于SERVQUAL体系的评估方法，将不可见的顾客服务感知量化，通过数字的方式将顾客对于服务的满意度表示出来，在整个评价体系中，一共有22项指标，具体指标内容见表5-1所示。

表5-1　SERVQUAL评价量表

维度	服务质量指标
有形性	1. 有现代化的服务设施
	2. 服务设施具有吸引力
	3. 员工有整洁的外表和服务
	4. 公司设施与他们所提供的服务相匹配
可靠性	5. 公司向顾客承诺的事情能及时地完成
	6. 顾客遇到困难时，能表现出关心并提供帮助
	7. 公司是可靠的
	8. 能准时地提供所承诺的服务
	9. 正确记录相关服务
响应性	10. 不能指望公司告诉顾客提供服务的准确时间
	11. 期望公司提供及时的服务是不现实的
	12. 员工并不总是愿意帮助顾客
	13. 员工太忙而无法立即满足顾客需求
保证性	14. 员工是值得信赖的
	15. 在从事交易时顾客会感到放心
	16. 员工是有礼貌的
	17. 员工可以从公司得到适当的支持，以提供更好的服务

续表

维度	服务质量指标
移情性	18. 公司不会针对不同的顾客提供个别的服务
	19. 员工不会给予顾客个别的关怀
	20. 不能期望员工了解顾客的需求
	21. 公司没有优先考虑顾客的利益
	22. 公司提供的服务时间不能符合所有顾客的需求

SERVQUAL 评价的实施步骤：（1）采用李克特五级量表设计问卷，包含上述的22项指标，对服务质量评价进行量化，然后进行问卷的发放工作。（2）根据收集到的数据，对顾客的服务感知质量进行计算。（3）对数据结果进行分析。在研发服务的服务感知质量研究中，我们将采用 SERVQUAL 量表方法进行研究。

三、基于 SERVQUAL 体系的用户服务感知质量评价体系

在研发服务概念及特征的基础上，结合 SERVQUAL 量表，我们可以设计出研发服务的质量评价体系。如图 5-2 所示。

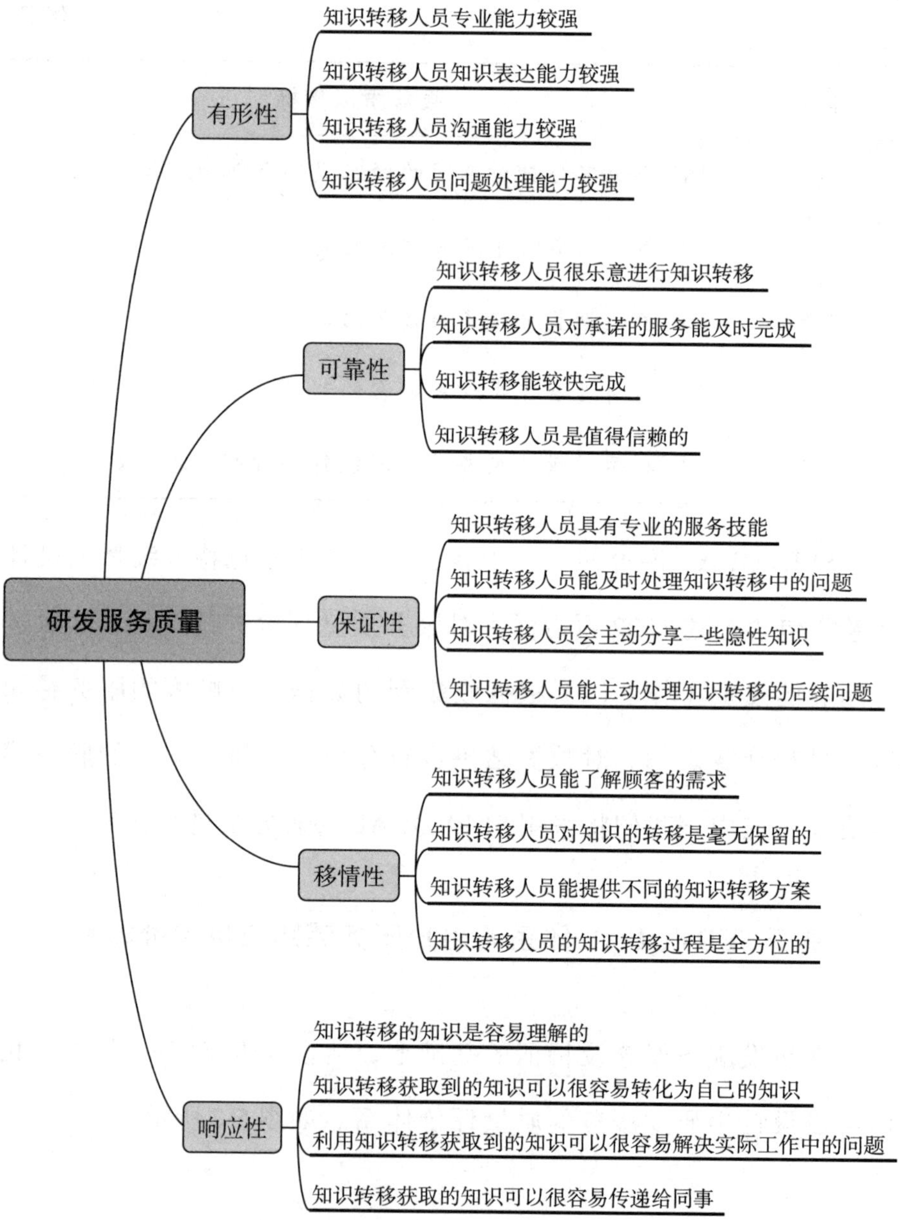

图 5-2 研发服务知识转移的用户服务感知质量指标体系

1. 有形性

服务的有形性包括了服务设施，设备以及服务人员列表。反映在研发服务中，可以表现为

（1）知识转移人员的专业能力较强

研发服务作为高度依赖高新技术产业的新型服务业，对于服务人员的专业能力要求较高，知识转移人员是否具备过硬的专业能力，对于要进行知识转移的技术和服务，知识转移人员是否已经全面地了解，知识转移人员是否有相关背景的学习经历，都是有形性所要考虑的方面。

（2）知识转移人员的知识表达能力较强

由于研发服务的高技术壁垒，决定了研发服务在知识转移的过程中存在着知识转移难度大的问题，对于进行知识转移的人员，必须具备良好的知识表达能力，才能将研发服务中需要进行知识转移的技术和服务更好地传递给需求企业，让需求企业的工作人员能更好地运用方法解决实际工作中的问题。

（3）知识转移人员的沟通能力较强

在进行知识转移的过程中，知识转移人员不仅要具备良好的表达能力，同时也要具备良好的沟通能力，因为在知识转移人员进行知识转移的过程中，不仅需要进行流利熟练的表达，还需要与需求企业员工进行良好的沟通，解决需求员工有针对性的问题。

（4）知识转移人员处理问题的能力较强

研发服务作为高度依赖高新技术产业的新型服务业，在知识转移的过程中，由于研发需求企业员工的专业能力和理解能力等

原因，可能会产生各种各样的问题，因此知识转移对于知识转移人员问题处理能力的要求较高，如果问题得不到很好的解决，就会降低用户的服务感知质量。

2. 可靠性

可靠性是指能够准确地、可靠地履行服务承诺的能力。可靠性常常是比较主观的，取决于用户对于产品使用者的满意程度以及对企业的信任度，在研发服务中，可靠性常常体现在：

（1）知识转移人员很乐意进行知识转移

知识转移人员进行知识转移的意愿可以影响到研发服务的可靠性，知识转移人员的知识转移意愿越强，在知识转移的过程中就可以带给用户更好的感知，从而对感知质量产生正向的影响。

（2）知识转移人员对承诺的服务能及时完成

能够及时、可靠地履行对用户的承诺是可靠性的重要组成部分，在研发服务中，则体现在对于研发服务以及高新技术智力成果的保质保量完成，这是对于可靠性很重要的衡量标准。

（3）知识转移能较快完成

由于高新技术常常具备一定的时效性，因此对于研发服务而言，时效性也是非常重要的，研发服务企业需要保证技术跟进发展的步伐，需要保证技术是最前沿的，因此在研发服务中，能够及时完成知识转移也尤为重要。

（4）知识转移人员是值得信赖的

由于研发服务所涉及的都是公司内部在技术研发上的重要机密，涉及到公司的发展以及新技术的开发，安全性就显得尤为重要，而且在进行知识转移之前，研发需求企业可能对于技术的了解程度较低，因此也需要知识转移人员具有较高的可信赖度。

3. 保证性

保证性是指企业员工的礼节、知识，以及自信的表达和可被信任的能力。是顾客对于给自己服务的员工的直观评价，员工需要通过自身专业的知识，良好的服务态度，以及自信且娴熟的服务，来获取顾客的信任，让顾客可以信任服务人员以及服务企业。在研发服务中，体现在：

（1）知识转移人员具有专业的服务技能

知识转移人员是直接和需求企业员工接触的服务人员，知识转移人员的专业技能以及业务能力可以影响到顾客的服务感知质量。这些对外的员工也代表了公司的形象，体现了公司的价值观。因此，具备专业服务技能的知识转移人员可以更好地获取顾客的信任，而如果一个知识转移人员对自己的工作流程都不熟悉，那么将会导致服务感知质量大打折扣。

（2）知识转移人员能够及时处理知识转移中的问题

当客户企业遇到一些突发情况时，如果知识转移人员能够快速并有效地解决问题，将会大大的为客户企业减少不必要的损失，保证公司的正常运行。在这个过程中，解决问题的知识转移人员需要具备专业的技能，以及处理突发事件的能力，而知识转移人员对于问题的快速解决，将会得到客户企业的赞许，提升客户企业满意度。

（3）知识转移人员会主动分享一些隐性知识

在研发服务中，由于其基于高新技术产业，作为知识智力成果商品，很可能存在一些隐形的知识，知识转移人员主动分享隐性知识会帮助客户在未来的使用过程中规避风险，避免不必要的损失。知识转移人员需要根据自身的经验及专业知识，主动向客户提出可能出现的问题，以提高顾客的服务感知。

（4）知识转移人员能主动处理知识转移的后续问题

在知识转移工作完成后，用户在通过转移的技术和知识进行问题的解决时，还是可能产生各种各样的问题，在客户遇到问题后，如果知识转移人员能够及时有效的解决问题，那么将会为客户企业挽回不必要的损失，提升客户企业对于公司的认可度。

4. 移情性

移情性是指在服务过程中，给顾客关心照顾，为不同的顾客提供个性化的服务，使顾客得到心理上的认同，了解顾客的真实需求。例如我们在饭店用餐时，服务人员提供了餐前甜点以及茶水，询问每一个顾客是否有其他的需求，那么是否会让客人在等待的过程中感觉好一些呢？设身处地的为顾客着想，满足顾客不同的需求，这就是移情性，在研发服务中，可以体现在：

（1）知识转移人员能了解顾客的需求

顾客的需求是产生一系列交易行为的根本原因，然而在与顾客的交流过程中，了解顾客的真实需求往往不是那么容易，且大部分顾客并不愿意表露自己的真实需求，这时，察觉顾客的真实需求并满足顾客需求就显得尤为重要，在知识转移人员进行知识转移的过程中，一定要设身处地地为顾客着想，尽可能地了解并满足顾客的需求。

（2）知识转移人员对知识的转移是毫无保留的

研发服务的技术门槛较高，在进行知识转移之前，大部分需求企业对于产品都知之甚少，如果能够毫无保留地进行知识转移，就会大大地增加需求企业对于研发企业的信任程度，把自己了解的毫无保留地教给需求企业，可以让需求企业感受到自己最大的诚意，提升顾客的满意度。

（3）知识转移人员能提供不同的知识转移方案

研发服务是高度定制化的服务，针对不同的企业，可能有不同的适合的方法进行知识转移，因此，知识转移人员如果可以根据企业的不同情况，做出不同的适合各企业的方案，这样就更容易获得客户企业的信任。

（4）知识转移人员的知识转移过程是全方位的

在进行知识转移的过程中，如果知识转移人员可以从多个方面进行服务，可以考虑到方方面面的问题，那么将很大程度地帮助企业员工尽快了解所要转移的高新技术，从而提升需求企业的感知满意度。

5. 响应性

响应性是指对于顾客在使用过程中产生的问题，愿意提供帮助，并能够尽快采取行动。服务的主动性和及时性会对顾客服务感知产生影响。在研发服务中，主要可以体现在：

（1）知识转移的知识易理解

研发服务要求时效性，先进的技术需要与时俱进，知识转移的知识易理解，可以帮助客户更好更快地完成知识转移，在进行知识转移之前，知识转移人员和研发企业应该考虑转移的技术和服务如何进行转移，才能使顾客更好的理解。

（2）知识转移的知识可以很容易转化为自己的知识

知识转移过程中，知识是否容易转化为自己的知识也是我们需要考虑的因素，如果客户在进行学习的过程中难度较大，或者需要花费很长的时间，就会降低客户的服务感知质量，因此知识是否容易学习也是我们需要考虑的因素。

（3）利用知识转移可以很容易解决日常工作中的问题

知识转移的知识，能否方便有效的解决日常工作中的问题，也是响应性的一部分。研发服务的产品，可以帮助企业完成技术革新，跟上时代步伐，加速解决问题。但是如果知识转移的知识在解决实际问题中效率较低，花费时间较多，那么也会降低用户的服务感知。

（4）知识转移的知识可以很容易地传递给同事

因为研发服务的客户大多数都是企业，转移的知识需要在公司内员工之间进行流通和学习，提升学习的效率，减少时间成本。因此，知识转移的知识是否可以很容易地在公司员工之间进行传递也是需要考虑的因素。

第二节　引擎1的绩效评价模型

知识转移的有形性主要是从知识转移者的转移能力展开的。从知识转移者的转移能力的视角分析，主要包含知识转移人员的专业能力、知识编码能力，与知识接收方的沟通能力以及问题处理能力。Hauknes等提出企业和研究机构之间的知识学习、信息交流关系纽带是研发服务，研发服务在技术和商业技巧本地化过程中充当知识转换者、问题解决者和知识生产者的角色[12]。Castald等通过识别知识型服务机构发挥创新源作用所需具备的资源和能力，发现其核心活动是开发、适应和转移知识[13]。知识的内嵌性和知识的可表达性对于知识转移障碍的影响。从相关学者的研究可以看出，知识转移人员的知识转移能力愈强，知识转移效果越好，进而客户对研发服务知识转移的服务感知质量越高。因此，提出如下的研究假设：

H1：知识转移有形性对研发服务知识转移的用户服务感知质量有正向影响。

知识转移的可靠性主要体现在知识转移人员的转移意愿以及知识转移双方之间的关系，可靠性的逻辑链条为通过提升转移意愿进而实现高效转移、兑现服务承诺，建立知识转移双方彼此信任的关系机制。服务的可靠性是指能够及时，有效地完成对客户的服务承诺。Szulanski 在研究组织内部知识转移时指出知识的因果模糊性、不可证实性、知识转移者的发送意愿以及知识转移者是否能得到知识接收者的信任等因素会造成知识转移障碍 [14]。产学研知识转移中知识转移障碍形成的四因素：知识性质、知识源、知识受体以及知识源和知识受体之间的距离。赵续等把知识源的发送意愿和发送能力作为影响知识粘性的产生的重要因素，知识转移者会对自己的知识会采取一种“保护”的态度而不愿把其掌握的知识转移给其他人 [15]。从研究可以看出，知识转移者的转移意愿越强，知识转移效果越好，进而客户对研发服务知识转移的服务感知质量越高。因此，提出如下的研究假设：

H2：知识转移可靠性对研发服务知识转移的用户服务感知质量有正向影响。

知识转移的保证性主要体现在对专业知识的处理能力上，形成在转移过程中的基本服务技能和深度服务技能，以及知识转移后的后续服务技能的有机统筹。Miles 强调了研发服务的动态化、一体化和循环化的特点，通过“整合知识—知识解码—知识传授”的过程实现和企业的互动，进而产生新知识 [7]。Simonin 指出知识的内隐性及复杂性、知识接收者的经验及知识转移双方的文化距离对于知识转移障碍有显著影响 [16]。王毅等指出知识的内隐性、因果模糊性和接受者的吸收能力、企业的规模、知识转移者的主动性程度对知识转移障碍产生重要影响 [17]。基于学者的研究，要构建完善的知识转移网络体系，确保知识的有效转移，以提升研发服务客户对知识转移的服务感知质量。因此，提出如下的研究假设：

H3：知识转移保证性对研发服务知识转移的用户服务感知质量有正向影响。

知识转移的移情性是企业和研发服务机构的知识互动机制，主要是从知识转移方的转移模式以及转移内容进行分析。Müller等提出知识型服务机构在创新系统中能够通过与客户企业互动，将新获取的知识与其现存知识通过重组产生知识和扩散知识[18]。Zhang等提出，知识型服务机构对制造企业的创新路径为协助制造企业拓宽搜索边界、降低搜索成本。服务中介在创新中扮演重要作用，是制造企业进入各种异质性社会的网络桥梁，帮助企业解决跨界搜索的难题，促进服务创新[19]。知识型服务机构通过影响制造企业的知识搜索、知识获取，最终作用于制造企业创新，且知识搜索与知识获取之间存在着替代效应。可以得出科学的转移内容以及转移模式会提升知识和转移的绩效水平，会提升研发服务客户对知识转移的服务感知质量。因此，提出如下的研究假设：

H4：知识转移移情性对研发服务知识转移的用户服务感知质量有正向影响。

知识转移的响应性是企业对研发服务机构转移的外部知识加以学习的同时进行知识本地化应用的过程。研发服务机构能够在与企业互动中发挥积极作用，通过让企业接触其知识库，在便利企业外部学习的同时克服知识本地化，进而提升企业创新能力。知识转移不仅与信息本身的特征有关，而且与信息转移者和信息接收者的特征有关，知识接收者的吸收能力对于技术信息的传播产生重要影响。知识接收者的知识吸收能力、知识译码能力会产生知识转移障碍。Goh 从知识接收方的角度分析了知识接收者的知识编码能力以及知识接收方的接受意愿都是影响知识转移障碍产生的重要因素。知识受体的解码能力、吸收能力、吸收意识和学习能力会对知识转移障碍产生重要影响[20]。蔡翔等从团队成员的沟通能力方面重点分析了研究团队内部知识转移障碍产生的原因[21]。可以看出，知识转化及知识应用的效果越好，客户基于实际的效果会提高对研发服务知识转移的服务感知质量。因此，提出如下的研究假设：

H5：知识转移响应性对研发服务知识转移的用户服务感知质量有正向影响。

根据上述的五个假设，可以构建出研发服务知识转移的用户服务感知质量与其影响因素的理论模型，如图 5-3 所示。

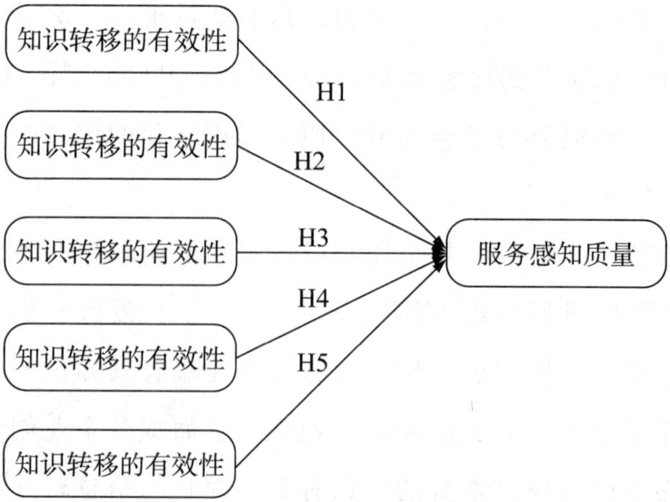

图 5-3　研发服务知识转移的用户服务感知质量的影响因素理论模型

第三节　引擎1绩效评价模型实证分析

一、问卷设计及样本基本概况

结合研发服务的特点，以及SERVQUAL理论模型，运用李克特五级量表的方式，从有形性、可靠性、保证性、移情性、响应性等五个方面设计了问卷，对研发服务的客户服务感知质量进行测度，找到影响研发服务客户满意度的影响因素，找到客户满意和服务感知质量之间的关系。

问卷可以被分成三个部分，被调查者基本个人信息、服务感知质量的影响因素以及服务感知质量的评价。在基本个人信息部分，包括了被调查者的性别、年龄、文化程度、部门所在规模，岗位类别及从业年限等信息；第二部分是从有形性、可靠性、保证性、移情性、响应性五个维度对服务进行的评价；第三部分，是从知识转移对于自身知识水平、企业绩效以及是否感到愉快满意进行的。具体的问卷说明见表5-2。

表 5-2 问卷说明

变量类型	测量类目	测量题目
有形性	对知识转移人员的专业度、表达能力、沟通能力和问题处理能力进行测度	Q1~Q4
可靠性	对知识转移人员进行知识转移的意愿，是否值得信赖，是否按时完成对客户的承诺进行测量	Q5~Q8
保证性	知识转移人员是否具有专业的知识，对问题的及时处理，以及对待后续问题的态度进行测度	Q9~Q12
移情性	对知识转移人员对客户需求的把握，是否能提供不同的知识转移方案进行测度	Q13~Q16
响应性	对知识转移的知识是否易理解、易掌握，易转化为自己的知识，易教给其他的同事进行测度	Q17~Q20
知识转移的服务质量感知	从自身知识水平的提升、企业绩效、满意度、愉悦度，以及与期望服务的比较进行测度	Q20~Q24

在本章中，调研对象为研发需求企业的内部员工，被调查者的岗位包括研发类、管理类、技术类等，他们都有过研发服务的使用或者接触经历，比较能够反映真实的情况。本章中共收集有效问卷 130 份，被调查人员涉及各个地区和企业，样本的基本情况统计表见表 5-3。

表 5-3　样本基本概况统计表

统计变量	属性	次数	百分比
1 性别	男	106	81.5%
	女	24	18.5%
2 年龄	20-30 岁	13	10.0%
	31-40 岁	88	67.7%
	41-50 岁	20	15.40%
	51-60 岁	9	6.90%
3 文化程度	大专及以下	0	0.00%
	大专	2	1.50%
	本科	72	55.40%
	硕士	41	31.50%
	博士及以上	15	11.50%
4 所在部门的规模	1-10 人	13	10.00%
	11-20 人	70	53.80%
	21-30 人	30	23.10%
	31-40 人	9	6.90%
	41-50 人	8	6.20%
5 职称	初级职称	1	0.80%
	中级职称	94	72.30%
	高级职称	34	26.20%
	未评或其他	1	0.80%
6 从业年限	一年及以下	0	0.00%
	1-5 年	14	10.80%
	6-10 年	83	63.80%
	11-15 年	24	18.50%
	16 年及以上	9	6.90%
7 岗位类别	研发类	18	13.80%
	技术类	79	60.80%
	管理类	15	11.50%
	其他	18	13.80%

由表5-3可知，此次的被调查对象多为男性，占到81.5%，在年龄上，31-40岁的被调查者最多，占到67.7%。从业年限多集中在6-10年，文化程度上，本科及以上的占到了98.5%，这些被调查者大多数处于公司的核心部门和岗位，与研发服务的接触比较密切，这也从侧面说明了研发服务的高技术壁垒性。

二、数据分析

1. 描述性统计分析

通过SPSS22.0软件对各变量进行描述性统计分析,可以得出结果如下表5-4所示：通过对五个变量的整体均值和标准差分析，可以看到，五个变量的均值均在3.38以上，标准差小于0.69。可以说明用户对于研发服务的整体满意度较高且不存在明显的波动，通过各变量的均值可以得出，客户对于研发服务的质量虽然持肯定态度，但仍有较大的改进空间，存在继续优化的可能。可以看到，均值最低的是可靠性属性，表明在可靠性上可以改进的空间还很大。标准差最大的是有形性属性，表明有形性的波动较大，稳定性较差。

表5-4 描述性统计分析表

变量	题号	均值	标准差
有形性	Q1-Q4	3.65	0.66
可靠性	Q5-Q8	3.37	0.64
保证性	Q9-Q12	3.58	0.43
移情性	Q13-Q16	3.98	0.55
响应性	Q17-Q20	3.91	0.44
知识转移服务感知质量	Q21-Q25	3.98	0.50

2. 信度及效度分析

研发服务知识转移的用户服务感知质量有形性、可靠性、保证性、移情性，响应性以及服务感知质量的信度分析见表5-5所示。

表5-5　因素的克伦巴赫系数检验

影响因素	Cronbach的Alpha	基于标准化项目Cronbach的Alpha	项目个数
有形性	0.631	0.609	4
可靠性	0.685	0.687	4
保证性	0.612	0.604	4
移情性	0.601	0.549	4
响应性	0.619	0.620	4
服务感知质量	0.623	0.625	5

根据表5-5可知，有形性、可靠性、保证性、移情性、响应性五个因子的克伦巴赫系数都大于0.6，表示有形性因子的信度尚佳，可以接受。五个因子的四个题项的内部一致性较高，可以保留。研发服务知识转移的用户服务感知质量克伦巴赫系数大于0.6，表明满意度的信度尚佳，可以接受，五个题项的内部一致性较高，可以保留。通过上述的克伦巴赫信度检验，可以看到，在五个因子和服务感知质量方面，数据的信度都达到了标准，内部一致性较高，问卷的可信度尚佳。

在进行假设检验之前，需要对数据进行效度的相关检验，测量量表的模型和实际的一致性，采用KMO和巴特利特球形检验以及探索性因子分析（EFA）的方法对问卷的效度进行检验，具体见

表 5-6 和表 5-7 所示：

表 5-6　KMO 和巴特利特球形检验

Kaiser-Meyer-Olkin 测量取样适当性		0.622
Bartlett 的球形检定	大约卡方	674.592
	df	190
	显著性	0.000

由表 5-6 可知，输出的 KMO 值为 0.622，大于 0.6，说明研发服务知识转移的用户服务感知质量量表适合做因子分析，巴特利特球形检验卡方值约为 674.592，自由度为 190，显著习惯为 0.000，小于 0.01，通过显著性水平为 0.01 显著性检验，因此，该量表数据适合进行因子分析。

表 5-7　解释的总方差

组件	起始特征值			撷取平方和载入			循环平方和载入		
	总计	变异的 %	累加 %	总计	变异的 %	累加 %	总计	变异的 %	累加 %
1	3.366	16.832	16.832	3.366	16.832	16.832	2.317	11.583	11.583
2	2.469	12.344	29.176	2.469	12.344	29.176	2.231	11.154	22.737
3	1.824	9.119	38.295	1.824	9.119	38.295	2.123	10.617	33.354
4	1.670	8.352	46.647	1.670	8.352	46.647	2.077	10.387	43.741
5	1.501	7.506	54.153	1.501	7.506	54.153	1.948	9.738	53.479
6	1.186	5.932	60.085	1.186	5.932	60.085	1.321	6.606	60.085

由表 5-7 所示，研发服务用户服务感知质量量表的 24 个题目中，特征值大于 1 的因子一共有 6 个，累计解释方差变异为 60.085%，

说明20个题目中抽取6个因子对于数据的解释度较为理想。继续进行旋转成分矩阵，见表5-8。

表5-8 旋转成分矩阵

	组件					
	1	2	3	4	5	6
Q7 可靠性	0.766					
Q6 可靠性	0.765					
Q5 可靠性	0.641	-0.341				
Q8 可靠性	0.515					0.492
Q1 有形性		0.809				
Q2 有形性		0.721				
Q3 有形性		0.646	0.304			
Q14 移情性			0.873			
Q15 移情性			0.850			
Q13 移情性			0.567			
Q19 响应性				0.717		
Q18 响应性				0.681		
Q16 移情性	0.400			-0.555		
Q17 响应性				0.529		
Q20 响应性	0.353	0.320		0.357		
Q11 保证性					0.880	

续表

	组件					
	1	2	3	4	5	6
Q12 保证性					0.837	
Q10 保证性				0.307	0.495	
Q4 有形性						0.804
Q9 保证性			0.302	0.312		-0.504

由表 5-8 可知，转轴前六个因子的特征值均大于一，六个因子共解释了 60.085%的方差变异，数据的效果达到非常好，但在表 5-7 中，也同时存在部分题项不够清晰，存在于多个因子中，因此，需要对原始矩阵进行题项的删减，以达到更好的效果。根据因子删减的相关原则，依次删除题项 Q4，Q16，Q9，共删减三个题项，保留十七个题项，最终使得题目的结构与理想模型相一致。

最终，得到较为理想的模型如表 5-8 所示，接下来，根据题项的意义来对五个因子进行命名，分别为：可靠性，有形性，移情性，保证性，响应性。这与问卷设计的基本机构吻合，题项删减后，五个因子共解释了 60.048%的方差变异，效果非常好。因此，研发服务的各因子之间有较强的关联性，效度符合要求。

题项删减后，有形性的克伦巴赫α值为 0.706，可靠性的克伦巴赫α值为 0.685，保证性的克伦巴赫α值为 0.671，移情性的克伦巴赫α值为 0.722，响应性的克伦巴赫α值为 0.619，均大于 0.6，即删减后的量表信度仍然较高，且部分因子比删减前有提升，即删减后量表的信度和效度都符合要求，可以进行下一步的假设检验工作。删减后的旋转成分矩阵见表5-9。

表5-9 删减后的旋转成分矩阵

	组件				
	1	2	3	4	5
Q6 可靠性	0.767				
Q7 可靠性	0.736				
Q5 可靠性	0.681	-0.304			
Q8 可靠性	0.612				
Q1 有形性		0.817			
Q2 有形性		0.718			
Q3 有形性		0.663			
Q14 移情性			0.882		
Q15 移情性			0.870		
Q13 移情性			0.559		
Q11 保证性				0.889	
Q12 保证性				0.847	
Q10 保证性				0.470	0.429
Q18 响应性					0.772
Q19 响应性					0.768
Q17 响应性		0.322			0.494
Q20 响应性	0.347	0.318			0.370

三、知识转移绩效评价的回归模型

首先，建立研发服务知识转移的用户服务感知质量的多元线性回归模型，如下所示：

$$X_1 = \beta_1 + \beta_2 X_2 + \beta_3 X_3 + \beta_4 X_4 + \beta_5 X_5 + \beta_6 X_6 + \varepsilon \qquad (5\text{-}3)$$

在上式中，X_1 表示研发服务知识转移的用户服务感知质量，β_1 表示截距项，X_2表示有形性，X_3表示保证性，X_4表示可靠性，X_5表示移情性，X_6表示响应性，β_2、β_3、β_4、β_5、β_6为待估参数，ε表示残差项，包含了回归公式的所有其他误差。

在上式的基础上，进行多元线性回归方程拟合，模型假设中，五个因子对服务感知质量的影响都是显著的，因此采用直接进入法进行线性回归方程的拟合，在这里，以 0.05 为显著性水平，通过相关系数R，相关系数R的平方，及调整后的R平方（Adjusted R square），DW值（Durbin-Watson）来观察线性方程的拟合程度和自变量之间的相关性，当 DW 值接近或等于2时，说明自变量之间没有明显的相关性，模型的基本参数表如下表5-10所示。

表 5-10　模型参数表

R	R平方	调整后R平方	标准偏斜度错误	Durbin-Watson	F	显著性
0.879[a]	0.830	0.805	0.362605	1.789	9.318	0.000[b]

由上表可知，相关系数R为0.879，R方为0.830，调整后的R方为0.805，共解释了方差变异的96.26%，由于受到模型复杂程度，以及问卷填写者的故意隐瞒等不可控因素，认为，这个结果是可以接受的，显著性P值为0.000，小于0.05的显著性水平，因此拒绝原假设，认为方程与数据之间的关联性较高，方程的拟合程度较好，DW值为1.789，接近于2，因此可以认定，在残差项中，不存在自相关。

研究所得的相关系数表如下表5-11所示，其中包括非标准化系数，标准化系数，T 检验显著性及共线性检验，根据非标准化系数及标准化系数，可以得到完整的线性回归方程。

表5-11　回归模型相关系数表

	非标准化系数		标准化系数	T	显著性	共线性统计数据	
	B	标准错误	β			容忍度	VIF
（常数）	1.631	0.502		3.247	0.002		
有形性	0.182	0.056	0.284	3.230	0.002	0.796	1.257
可靠性	0.104	0.066	0.132	1.581	0.016	0.881	1.135
保证性	0.082	0.088	0.077	1.937	0.050	0.911	1.098
移情性	0.183	0.068	0.218	2.690	0.008	0.937	1.067
响应性	0.104	0.107	0.085	1.970	0.034	0.808	1.238

根据表5-11的回归模型可以看到，自变量的显著性 T 检验 P

值均小于或等于 0.05，表明因变量对多元线性方程的解释效果显著，容忍度均大于0.5，VIF值均小于5，表明自变量之间不存在共线性，根据非标准化系数及标准化系数，可以得到完整的多元线性回归方程如下式所示：

$$X_1 = 1.631 + 0.182X_2 + 0.104X_3 + 0.082X_4 + 0.183X_5 + 0.104X_6 \quad (5\text{-}4)$$

标准化系数与非标准化系数的区别在于标准化系数不存在常数项，因此可以更准确地比较各因子之间对线性回归方程的影响程度，根据非标准化系数可以看到，对研发服务知识转移的用户服务感知质量的解释程度最大是有形性，共解释了28.4%，其次是移情性、可靠性、响应性、保证性。五个因子的标准化系数均为正数，表明自变量对研发感知质量的影响均为正向，有形性、可靠性、保证性、移情性、响应性越高，客户服务感知质量越好，因此可以接受前文提到的五个假设，五个因子对于研发服务知识转移的用户服务感知质量的影响均为正向的，这为后期的服务改善提供了数据支撑和建议。

第四节　引擎 1 的感知质量提升的对策建议

增强知识转移人员的知识转移能力。回归模型的结果显示有形性对研发服务客户感知质量有正向影响，因此，提升研发服务的有形性有助于提高研发服务的客户服务感知质量。有形性主要体现在研发服务知识转移人员的专业能力、表达能力、沟通能力以及问题处理能力上。研发服务企业可以投入更多的精力在知识转移人员的知识转移能力的培养上，以提高在知识转移过程中的用户感知质量，减少客户在服务过程中所消耗的时间成本、精力成本，提升用户对于研发服务有形性的感知。因此，研发服务企业需要对知识转移人员进行专业的培训，提升其专业能力和表达能力以及处理问题的能力，从而提升研发服务知识转移的有形性。

提升知识转移人员的转移转移意愿。服务的可靠性对研发服务客户感知质量的影响路径关系是正向的，因此可从可靠性的视角去提升客户的感知质量。可靠性的维度主要表现为在知识转移人员在进行知识转移时是否高效、知识转移人员的知识转移意愿、有效完成服务承诺的能力以及被信任的能力。因此，可从主观的意愿去着手解决，洞察知识转移人员在知识转移过程中的障碍和顾虑，有针对性地去克服知识转移主观意愿的障碍因素，结合主观意愿以及相关的流程规范的培训形成“意愿转移—高效转移—兑现服务承诺—建立彼此信任的关系机制”的服务链条。

延长知识转移人员的知识转移链条。延长知识转移人员的知识转移链条，在进行基本的知识转移的基础上，使得知识转移人员同样可以完成隐性知识的分享，研发服务成果交付后的后续问题的解决等服务。在整个转移链条上，要将基本的服务技能，突发问题的解决，隐性知识的分享以及知识转移后续问题的干预和处理有机地结合起来，形成完善的知识转移链，确保知识的有效转移，以提升研发服务客户对知识转移的服务感知质量。

拓宽知识转移人员的转移维度。移情性是影响研发服务客户感知质量的重要影响因素，主要从转移的内容维度和空间维度进行扩展。在内容维度方面，要依据客户的需求提供差异化的服务，针对不同的客户企业提供定制化的知识转移方案，并且毫无保留地将知识进行转移。在空间维度方面，主要是在转移过程中对知识进行全方位的转移，从多维度进行知识转移，拓宽知识转移的宽度，针对不同的客户遇到的问题有针对性地解决，对研发服务产品根据不同的企业类型进行差异化，最终达到研发服务成果转化为企业真实的生产力。

强化知识转移的后续知识应用能力。响应性主要是从客户的视角去对接收到的知识进行后续处理的过程，在知识接收方接收到知识后，要形成“理解知识—吸纳知识—应用知识—分享知识”的知识后续传播链条。要对企业的员工进行培养，首先从知识层面对知识转移人员所转移的知识能够加以理解，在理解的基础上，要将接收到的知识转化为自身的知识，进而将其转化的知识在自身的工作中加以应用，最后，要乐于将自己所吸纳的知识在同事之间进行分享和传播，扩大知识转移的知识的后续应用范围，提升知识转化为生产力的能力。

第五节　本章小结

本章在结合SERVQUAL量表的基础上，构建了研发服务知识转移的用户服务感知质量评价体系，从服务质量的有形性、可靠性、保证性、移情性、响应性几个因素出发对研发服务知识转移的用户服务感知质量进行评价，构建了对于研发服务知识转移的用户服务感知质量的评价体系。

在研发服务知识转移的用户服务感知质量评价体系的基础上，设计问卷以研究研发服务知识转移的用户服务感知质量及其影响因素的影响程度。数据表明，客户对研发服务知识转移整体的服务感知质量较好，但仍存在可以提升改进的空间。在进行探索性因子分析的过程中，我们发现，服务感知质量的有形性对研发服务知识转移的用户服务感知质量的方差变异解释程度最大，即在研发服务知识转移的过程中，顾客更在意知识转移人员的专业素质及可见设备等，因而研发服务企业可以投入更多的精力在知识转移人员的专业能力的培养上，以提高在知识转移过程中的用户体验，减少顾客在服务过程中所消耗的时间成本、精力成本。

在回归分析的过程中我们验证了提出的五个假设，即有形性、可靠性、保证性、移情性、响应性等五个因素均对研发服务知识转移的用户服务感知质量存在正向的影响，研发服务企业应该从这五个方面对研发服务感知客户感知服务质量进行提升。在数据分析的基础上，为了提高研发服务知识转移的用户服务感知质量，我们提出了增强知识转移人员的知识转移能力，提升知识转移人员的转移转移意愿，延长知识转移人员的知识转移链条，拓宽知识转移人员的转移维度，强化知识转移的后续知识应用能力等建议。我们分别从五个方面提出了以上建议，以提升研发服务知识转移的用户服务感知质量，为研发服务企业及研发需求企业乃至整个研发服务业提供了可供参考的发展改进意见。

第六章

企业知识创新隧道建设引擎1的容忍区模型

本章研究了影响研发服务知识转移的用户服务感知质量的相关影响因素。首先，在相关学者研究的基础上提出了相关的假设，构建了研发服务知识转移的用户容忍区概念模型。其次，对研发服务知识转移的用户容忍区的概念模型进行实证分析，构建了研发服务知识转移的用户容忍区的多元线性回归模型，研究表明，知识转移经历、知识转移距离以及知识转移载体都会对研发服务的可接受服务水平产生正向影响；知识转移经历、持续加强行为以及知识服务承诺都会对研发服务的理想服务水平产生正向影响。最后，本章从拉近知识双方距离、构建科学知识载体、强化持续加强行为以及增强知识转移经历等维度提出了缩减研发服务知识转移用户容忍区宽度的策略，对提升研发服务的知识转移绩效水平有借鉴和指导意义。

第一节　引擎1的容忍区模型的现实依据

当前，我国正处于新一轮科技革命与制造业发展模式转变的历史交汇期，随着企业研发外部化的快速发展，研发服务外包作为一种开放动态的技术创新模式，从根本上改变了企业原有的封闭式研发体系，使得国内越来越多的企业尤其是知识密集型企业更倾向于借助研发外包来实现技术转换和技术追赶超越。企业通过研发服务知识转移获取更多的创新能力。但研发服务知识转移的效果如何？ Williamson 认为研发服务商品是半标准商品，从交易的视角看并不符合原有标准商品的概念，由于信息不对称的原因导致交易的效率很低。从研发服务本身的特征来看，由于研发服务产品涉及知识的综合性而呈现出高度不确定性，导致客户对研发服务的知识转移效果认知水平较低，不能很好地服务制造企业用户，导致研发服务成果转化生产力不足。

如何促使企业与研发服务机构双方的身份识别，促进二者之间的相互认知水平，促进知识从转移方向用户主体的知识转移及知识应用，解决好研发成果转化为生产力的“最后一公里”的问题，在企业与研发机构双方身份识别以及认知水平的研究上，本章引入容忍区的概念。PZB 在对服务质量的相关文献进行回顾总结后，首次提出了顾客容忍区的概念：理想服务期望和适当服务期望之间的区域被定义为容忍区，其中理想的服务期望指顾客所期望获得的服务水平，适当的服务期望指顾客可以接受的服务水平。本章试图寻求知识转移用户容忍区上下限的相关影响因素，并研究其对应的影响路径关系，最终得出识转移用户容忍区的宽度模型。研究结果有利于研发服务企业弄清楚影响客户企业对研发服务知识转移的相关影响因素，提升客户满意度。同时，帮助企业更好地使用研发服务企业的研究成果，提高生产效率，帮助客户企业更好地评判和选择研发服务企业，提升企业对于研发服务的重视程度，更好地实现科技创新对企业绩效的带动作用。

因此，在上述的研究背景下，提出本章的研究问题：在研发服务成果转移过程中客户的服务容忍区的上下限的影响因素有哪些？具体的影响路径关系如何？如何根据研发服务知识转移的用户容忍区设计最佳的知识转移的导航模型？最终根据服务容忍区的影响因素及其相关的影响关系去提出缩减研发服务容忍区宽度的对策建议，解决好研发成果转化为生产力的“最后一公里”的问题，使研发成果的转化真正落地，促进研发服务对经济发展的重要推动力。

第二节 引擎 1 的容忍区模型构建

容忍区的研究起源于期望的研究，提出了“不对称反应”的概念，这个概念是容忍区的源头。在“不对称反应”概念的基础上，Woodruff 等在研究消费者感知绩效时提出了消费者“不敏感区域”的概念[22]，并进一步研究了其影响因素，此时对容忍区的研究更近了一步。Johnston 提出顾客参与和服务的程度与容忍区的宽度成反比，并且可以在服务传递的过程中通过“功过相抵”进行调整[23]。PZB 进一步分析了容忍区上下限的影响因素以及测量容忍区上下限及其影响因素的方法。该模型认为，简短的服务强化因素、可以感知的服务替代物、服务环境因素、过往的经历以及自我感知的服务角色都会不同程度上影响可接受服务水平，个人需要、口头交流、持续的服务强化因素、过去的经历以及额外的服务承诺都会影响理想服务水平。

容忍区域的宽度不是一成不变的，消费者的理想服务水平和可接受的服务水平会随着他们的可感知的替代物以及预期等因素而不同。有研究发现消费者的接受服务参与度与容忍区域的宽度呈负相关。服务的重要程度也会影响容忍区的宽度。郭国庆、孟捷和寇小萱将“双因素”理论应用于顾客容忍区的研究，提出了顾客容忍区的重心理论，并将容忍区理论应用于顾客的市场细分，同时针对高接触的服务进行了顾客满意度以及服务成本控制等问题的研究[24]。针对信息用户的容忍区管理将信息服务分为显性服务和隐性服务，能够识别用户的参与程度和特征。将容忍区的理论引入到公共服务绩效满意度评估中，提高了模型评估的准确性。对不同类型的服务质量的容忍区的变化衍生出了连续带的概念，连续带的左边为搜寻产品，右边为信任产品，中间是经验产品。基于此，提出如下的理想服务水平的研究假设：

H1：知识转移经历对理想服务水平有正向影响；

H2：持续加强行为对理想服务水平有正向影响；

H3：知识服务承诺对理想服务水平有正向影响；

在实际的服务水平的研究中，张玲玲和罗红朋指出知识转移者的知识的数量、知识转移者的转移意向和态度、知识转移者的知识转移能力都会影响知识密集型企业中的知识有效转移。知识转移主体的期望、知识转移者的认知结构、知识转移者的关系网会影响知识的有效转移。因此提出如下的假设：

H4：知识转移经历对研发服务知识转移用户可接受水平有正向影响；

Levin等指出知识转移方和知识接收方双方的信任关系对知识有效转移产生重要影响[25]。Cummings等进一步把知识转移方和知识接收方双方的距离具体为组织间的知识距离、组织间的规范距离以及组织间的空间距离等，并进一步研究了双方距离对知识有效转移产生的影响[26]。因此提出如下的假设：

H5：知识转移距离对研发服务知识转移用户可接受水平有正向影响；

Cummings等指出了知识的内嵌性和知识的可表达性对于知识有效转移产生重要影响[26]。影响知识转移的影响因素：知识的可编码性、知识的层次性以及知识的可抽象性。知识的类型、知识的数量、知识的复杂度、知识的专属度都会对知识的有效转移产生影响。因此提出如下的假设：

H6：知识转移载体对研发服务知识转移用户可接受水平有正向影响。

根据上面的假设，我们可以构建关于消费者对于研发服务知识转移的可接受水平和理想服务水平的概念模型，即研发服务知识转移的容忍区概念模型，见图 6-1 所示。

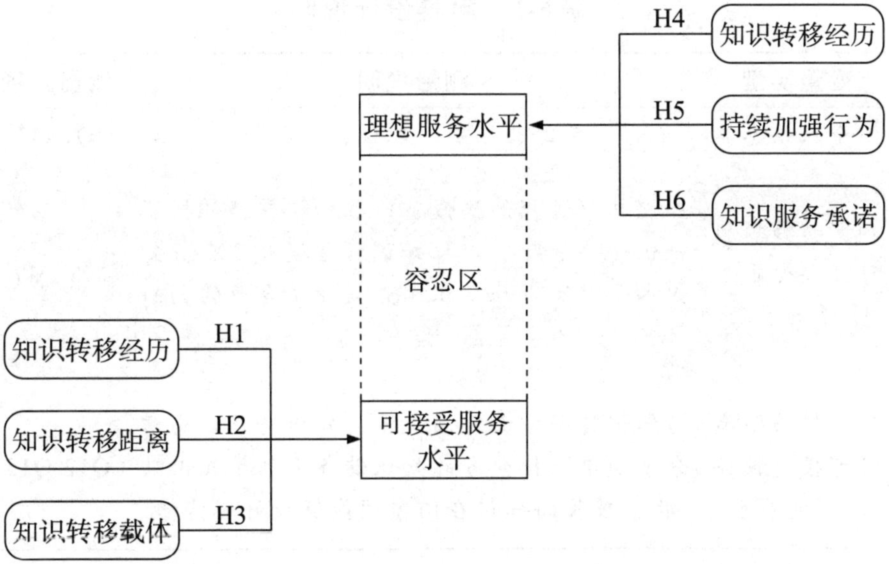

图 6-1　引擎 1 的容忍区概念模型

第三节　引擎1容忍区模型的实证分析

一、问卷设计及样本基本概况

问卷共31道题项，分为三个部分，第一部分是个人基础信息，第二部分是对可接受服务水平影响因素的五级量表式的调查，第三部分是对理想服务水平影响因素五级量表式的调查。具体的问卷设计说明见表6-1。

表6-1　问卷设计说明

变量类型	测量说明	测量题项
个人信息	年龄、性别、职位、职称等	Q1-Q7
知识转移经历对可接受服务水平的影响	知识转移过程的快慢、以往知识转移积累了知识转移经验、以往知识转移提升了自身知识水平以及以往知识转移提升了企业的创新水平	Q8-Q11
知识转移距离对可接受服务水平的影响	与知识转移方面对面交流、知识转移方愿意分享知识、接受方的知识储备更利于知识吸收、吸收的知识在同事间能够较好地传播	Q12-Q15

续表

变量类型	测量说明	测量题项
知识转移载体对可接受服务水平的影响	知识转移方需设计知识讲解的逻辑思路、知识转移方需设计知识讲解的系统性、知识转移方需将知识以模块的形式呈现、知识转移方需搭建知识模块之间的相关关系	Q16-Q19
知识转移经历对理想服务水平的影响	知识转移过程的快慢、以往知识转移积累了知识转移经验、以往知识转移提升了自身知识水平以及以往知识转移提升了企业的创新水平	Q20-Q23
持续强行为对理想服务水平的影响	知识转移方与接受方能实时沟通、知识转移方能进行知识全方位转移、知识转移方能对问题实时处理、知识转移方对接受方提出指导性意见	Q24-Q27
知识服务承诺对理想服务水平的影响	选取知识转移人员很乐意进行知识转移、知识转移人员毫无保留进行知识转移、知识转移人员对服务的承诺能及时完成、知识转移人员在承诺之外给予了很多服务	Q28-Q31

本次研究的数据来源于问卷调查和人物访谈，我们访谈了深信服科技、华为网络安全部、腾讯云计算事业部三个研发服务企业或部门，得出了一些结论并且对这些结论提出假设，随后我们对经历过研发服务知识转移的企业进行问卷调查以得出数据验证结论。调查问卷一共发放了300份，回收的有效问卷180份。通过对问卷数据的基本分析 得出如表6-2的变量的基本情况。

表 6-2　变量的基本情况

统计变量	属性	次数	百分比
1. 性别	男	128	71.10%
	女	52	28.90%
2. 年龄	20-30 岁	68	37.80%
	31-40 岁	97	53.90%
	41-50 岁	12	6.70%
	51-60 岁	3	1.70%
3. 文化程度	大专及以下	0	0.00%
	大专	0	0.00%
	本科	72	40.00%
	硕士	60	33.30%
	博士及以上	48	26.70%
4. 所在部门的规模	1-10 人	13	7.20%
	11-20 人	70	38.90%
	21-30 人	78	43.30%
	31-40 人	9	5.00%
	41-50 人	10	5.60%
5. 职称	初级职称	1	0.50%
	中级职称	94	52.20%
	高级职称	85	47.20%
	未评或其他	0	0.00%
6. 从业年限	一年及以下	0	0.00%
	1-5 年	14	7.80%
	6-10 年	83	46.10%
	11-15 年	60	33.30%
	16 年及以上	23	12.80%
7. 岗位类别	研发类	58	32.20%
	技术类	79	43.90%
	管理类	35	19.40%
	其他	8	4.40%

二、数据分析

1. 信度及效度分析

在进行正式的分析之前，进行数据信度和效度的分析，分别针对知识转移经历、知识转移距离、知识转移载体、持续强行为、知识服务承诺这几个因素进行信度的分析，见表6-3。

表6-3　变量的克伦巴赫系数检验

变量	Cronbach 的 Alpha	基于标准化项目的 Cronbach 的 Alpha	项目个数
知识转移经历	0.646	0.667	4
知识转移距离	0.689	0.678	4
知识转移载体	0.634	0.645	4
知识转移经历	0.645	0.567	4
持续强行为	0.632	0.652	4
知识服务承诺	0.647	0.625	4

根据表6-3可知，知识转移经历、知识转移距离、知识转移载体，持续强行为以及知识服务承诺等六个变量因子的克伦巴赫系数都大于0.6，六个因子数据的信度都达到了标准，内部一致性较高，问卷的可信度尚佳。

在进行假设检验之前，要对数据进行效度的相关检验，测量量表的模型和实际的一致性，在这里，采用KMO和巴特利特球形检验以及探索性因子分析（EFA）的方法对问卷的效度进行检验。

2. KMO和巴特利特球形检验

表6-4　KMO和巴特利特球形检验

Kaiser-Meyer-Olkin测量取样适当性		0.645
Bartlett的球形检定	大约卡方	687.457
	df	191
	显著性	0.001

由表6-4可知，输出的KMO值为0.645，大于0.6，说明研发服务质量量表适合做因子分析，巴特利特球形检验卡方值约为687.457，自由度为191，显著性为0.001，小于0.01，通过显著性水平为0.01显著性检验，因此，该量表数据适合进行因子分析。

3. 主成分提取

表6-5　解释的总方差

组件	起始特征值			撷取平方和载入			循环平方和载入		
	总计	变异%	累加%	总计	变异%	累加%	总计	变异%	累加%
1	3.366	16.832	16.832	3.366	16.832	16.832	2.317	11.583	11.583
2	2.469	12.344	29.176	2.469	12.344	29.176	2.231	11.154	22.737
3	1.824	9.119	38.295	1.824	9.119	38.295	2.123	10.617	33.354
4	1.670	8.352	46.647	1.670	8.352	46.647	2.077	10.387	43.741
5	1.501	7.506	54.153	1.501	7.506	54.153	1.948	9.738	53.479
6	1.186	5.932	60.085	1.186	5.932	60.085	1.321	6.606	60.085

研发服务知识转移用户容忍区量表的24个题目中，特征值大于1的因子一共有6个，累计解释方差变异为60.085%，说明20个题目中抽取6个因子对于数据的解释度较为理想。

4. 旋转成分矩阵

具体的旋转成分矩阵表见表6-6所示，可知转轴前六个因子的特征值均大于一，六个因子共解释了66.585%的方差变异，数据达到了非常好的效果，但在表6-7中，也同时存在部分题项不够清晰，存在于多个因子中，因此需要对原始矩阵进行题项的删减，以达到更好的效果。

表6-6　旋转成分矩阵

	组件					
	1	2	3	4	5	6
Q7 知识转移经历	0.766					
Q6 知识转移经历	0.765					
Q5 知识转移经历	0.641	−0.341				
Q8 知识转移经历	0.515					0.492
Q1 知识转移距离		0.809				
Q2 知识转移距离		0.721				
Q3 知识转移距离		0.646	0.304			
Q14 知识转移载体			0.873			
Q15 知识转移载体			0.850			
Q13 知识转移载体			0.567			
Q19 知识转移经历				0.717		
Q18 知识转移经历				0.681		
Q16 知识转移载体	0.400			−0.555		
Q17 知识转移经历				0.529		
Q20 知识转移经历	0.353	0.320		0.357		
Q11 持续强行为					0.880	
Q12 持续强行为					0.837	
Q10 持续强行为				0.307	0.495	
Q4 知识服务承诺						0.804
Q9 持续强行为			0.302	0.312		−0.504

根据因子删减的相关原则，依次删除题项 Q4、Q16、Q9，共删减三个题项，保留十七个题项，最终使得题目的结构与我们的理想模型相一致。

最终，题项删减后，五个因子共解释了66.048%的方差变异，效果非常好。因此，研发服务的各因子之间有较强的关联性，效度符合要求。

题项删减后，知识转移经历的克伦巴赫α值为0.754，知识转移距离的克伦巴赫α值为0.762，知识转移距离的克伦巴赫α值为0.657，持续强行为的克伦巴赫α值为0.763，知识服务承诺的克伦巴赫α值为0.634，均大于0.6，即删减后的量表信度仍然较高，且部分因子比删减前有提升，删减后量表的信度和效度都符合要求，可以进行下一步的假设检验工作。

表 6-7　删减后的旋转成分矩阵

	组件				
	1	2	3	4	5
Q6 知识转移距离	0.767				
Q7 知识转移距离	0.736				
Q5 知识转移距离	0.681	−0.304			
Q8 知识转移距离	0.612				
Q1 知识转移经历		0.817			
Q2 知识转移经历		0.718			
Q3 知识转移经历		0.663			
Q14 知识转移载体			0.882		
Q15 知识转移载体			0.870		
Q13 知识转移载体			0.559		

续表

	组件				
	1	2	3	4	5
Q11 持续强行为				0.889	
Q12 持续强行为				0.847	
Q10 持续强行为				0.470	0.429
Q18 知识服务承诺					0.772
Q19 知识服务承诺					0.768
Q17 知识服务承诺		0.322			0.494
Q20 知识服务承诺	0.347	0.318			0.370

三、知识转移影响因素的多元线性回归模型

首先，建立研发服务知识转移的用户容忍区及影响因素的多元线性回归模型。容忍区总模型见公式（6-1）

$$X_{容忍区} = X_{理想} - X_{可接受} \qquad (6\text{-}1)$$

在上式中，$X_{容忍区}$表示研发服务知识转移的用户容忍区宽度，$X_{理想}$表示研发服务知识转移的用户容忍区的上限理想服务水平；$X_{可接受}$表示研发服务知识转移的用户容忍区的下限可接受服务水平。$X_{可接受}$的模型见公式（6-2）：

$$X_{理想} = \beta_1 + \beta_1 X_1 + \beta_2 X_2 + \beta_3 X_3 + \beta_{理想} + \varepsilon_{理想} \qquad (6\text{-}2)$$

X_1 表示知识转移经历，X_2 表示持续强行为，X_3 表示知识服务承诺，$\beta_{理想}$表示理想服务水平容忍区的截距项，$\varepsilon_{理想}$表示残差项，包含了回归公式的所有其他误差。$X_{可接受}$的模型见公式（6-3）：

$$X_{可接受} = \beta_4 X_4 + \beta_5 X_5 + \beta_6 X_6 + \beta_{可接受} + \varepsilon_{可接受} \qquad (6\text{-}3)$$

X_4 表示知识转移经历，X_5 表示持续强行为，X_6 表示知识服务承诺，$\beta_{可接受}$表示理想服务水平容忍区的截距项，$\varepsilon_{可接受}$表示残差项，包含了回归公式的所有其他误差。

在上式的基础上，进行多元线性回归方程拟合，模型假设中，六个因子对用户容忍区宽度的影响都是显著的，因此采用直接进入法进行线性回归方程的拟合，在这里，以 0.05 为显著性水平，通过相关系数 R，相关系数 R 的平方，及调整后的 R 平方（Adjusted R square），DW 值来观察线性方程的拟合程度和自变量之间的相关性，当 DW 值接近或等于 2 时，说明自变量之间没有明显的相关性，模型的基本参数表如表 6-8 所示。

表 6-8 模型参数表

R	R^2	调整后 R^2	标准偏斜度错误	Durbin-Watson	F	显著性
0.829[a]	0.848	0.838	0.32605	1.823	9.318	0.001[b]

由表 5-8 可知，相关系数 R 为 0.829，R^2 为 0.848，调整后的 R 方为 0.838，共解释了方差变异的 32.60%，由于受到模型复杂程度，以及问卷填写者的故意隐瞒等不可控因素，我们认为，这个结果是可以接受的，显著性 P 值为 0.001，小于 0.05 的显著性水平，因此拒绝原假设，认为方程与数据之间的关联性较高，方程的拟合程度较好，DW 值为 1.823，接近于 2，因此可以认定，在残差项中，不存在自相关。

研究所得的相关系数表如下表 6-9 和表 6-10 所示，其中包括非标准化系数、标准化系数、T 检验显著性及共线性检验，根据非标准化系数及标准化系数，可以得到完整的线性回归方程。

表 6-9　理想服务水平回归模型

	非标准化系数		标准化系数	T	显著性	共线性统计数据	
	B	标准错误	β			容忍度	VIF
（常数）	1.986	0.502		3.247	0.002		
知识转移经历	0.359	0.056	0.284	3.230	0.002	0.796	1.257
持续强行为	0.206	0.068	0.218	2.690	0.008	0.937	1.067
知识服务承诺	0.145	0.107	0.085	1.970	0.034	0.808	1.238

表 6-10　可接受服务水平回归模型

	非标准化系数		标准化系数	T	显著性	共线性统计数据	
	B	标准错误	β			容忍度	VIF
（常数）	0.437	0.502		3.247	0.002		
知识转移经历	0.245	0.058	0.324	3.233	0.002	0.832	1.234
知识转移距离	0.232	0.066	0.132	1.581	0.016	0.881	1.135
知识转移载体	0.240	0.088	0.077	1.937	0.050	0.911	1.098

根据表6-9和表6-10的回归模型，可以看到自变量的显著性T检验 P 值均小于或等于0.05，表明因变量对多元线性方程的解释效果显著，容忍度均大于0.5，VIF值均小于5，表明自变量之间不存在共线性，根据非标准化系数及标准化系数，可以得到完整的多元线性回归方程如下式所示：

$$X_{理想} = 0.359x_1 + 0.2061x_2 + 0.145x_3 + 1.986 \quad (6\text{-}4)$$

$$X_{可接受} = 0.245x_4 + 0.232x_5 + 0.240x_6 + 0.437 \quad (6\text{-}5)$$

标准化系数与非标准化系数的区别在于标准化系数不存在常数项，因此可以更准确地比较各因子之间对线性回归方程的影响程度。最终，研发服务知识转移的用户容忍区宽度的模型可表示为：

$$X_{容忍区} = X_{理想} - X_{可接受}$$

$$= 0.359X_1 + 0.206X_2 + 0.145X_3 + 1.986 - (0.245X_4 + 0.232X_5 + 0.240X_6 + 0.437)$$

从回归模型可以看出，知识转移经历、持续强行为、知识服务承诺三个因素对理想服务水平都有正向影响。知识转移经历、知识转移距离、知识转移载体三个因素对可接受服务水平都有正向影响。研发服务知识转移的用户容忍区宽度与理想服务水平的变化呈正向关系，与可接受服务水平的变化呈负向关系。因此，为了缩小研发服务知识转移的用户容忍区的宽度，可根据回归模型的结果从降低立项服务水平以及提升可接受的服务水平去做相应的调整。

第四节　引擎1容忍区宽度缩减的对策建议

拉近知识转移双方的距离，为缩减容忍区宽度提供主体支撑。 知识转移双方的距离对研发服务知识转移用户容忍区的解释程度最大。因此，拉近知识转移双方的距离有助于提高研发服务知识转移的用户容忍区宽度。知识转移距离主要通过双方面对面交流这种方式来拉近，同时庞大的知识储备更利于知识接受方的吸收，在知识接受方的知识消化环节，知识接受人员能够在公司内部有效的传播知识也是拉近知识转移距离的有效方式。知识转移方表达出更愿意进行知识转移会为缩减容忍区宽度提供主体支撑。

知识转移方和知识接收方之间的知识转移距离是影响知识转移绩效的重要因素。知识转移双方的转移距离主要包括物理距离、化学距离、释放距离和吸收距离。其中，物理距离表示二者之间的位置距离，二者之间的位置距离越远，知识滞留的程度就越大。化学距离是指二者之间的心理距离，适当的心理距离可有效促进知识转移的进行。心理距离主要体现为知识转移的双方关系，若二者为彼此信任的良性关系，则心理距离较小，知识转移也会更顺畅。释放距离指转移方对知识控制的程度，尤其是对隐性知识的释放程度。知识的吸收距离由于在专业知识上存在不对等性，导致知识接收方接收到的知识与实际知识发送方实际发送的知识之间产生偏差。

构建科学的知识转移载体，为缩减容忍区宽度提供客体支撑。知识转移载体在知识转移过程中是一个相当重要的客体角色。构建科学的知识转移载体能够缩减容忍区宽度。知识转移方可以通过设计知识讲解的逻辑思路以及设计知识讲解的系统性来使知识讲解的过程更加有逻辑更易被人吸收。同时，知识转移方可以将知识以模块的方式呈现并且搭建知识模块之间的相关关系，做到更科学的进行知识转移过程。因此，构建科学的知识转移载体，可以为缩减容忍区宽度提供客体支撑。知识设计和知识载体的选择是基于知识客体进行的。知识设计应该坚持系统性，协同性的原则，设计知识模块，并且搭建知识模块之间的关系。

强化知识转移方的持续加强行为，以知识深度转移缩减容忍区宽度。持续强行为能够影响到知识转移之后的知识吸收程度。如果知识转移方在知识转移过程中能够与知识接受方实时沟通，那么知识转移过程中的实时问题可以得到及时解决。知识转移方在知识转移过程中进行知识的全方位转移，对于知识接受方来说可以避免因为接受知识过于片面而取得比较差的吸收效果。知识转移方在知识转移之后对接受方及时处理事后问题以及提出指导性意见，这都在一定程度上影响后期的知识吸收效果，更易获得知识的深度转移。

知识创新是组织技术创新的基础，是推动组织经济发展和科技发展的重要力量。企业应该建立知识创新的企业文化，鼓励创新，为员工提供轻松而灵活的创新氛围，包容失败，建立试错机制，将创新过程纳入到工作的考核范围中。知识创新氛围的建设，为知识的有效转移和知识的流通建立了传递渠道。知识共享是组织内部成员之间相互交流，使知识由个人的经验扩散到组织的层面。组织层面的知识有助于个体遇到问题时提供解决的办法，个体问题的解决可反馈至组织的知识系统里，最终提高组织的效率。

增强知识转移双方的知识转移经历，为缩减容忍区宽度提供保障。知识转移经历不仅仅是单方面的问题，双方都存在知识转移经历不足的问题。知识转移经历充足的知识转移方，在人员的专业能力、流程的效果把控、转移的进度把控等等方面都具有很大的优势。而知识转移经历不足，则可能在原本的知识转移服务没有做好的基础上，也无法给予顾客更多的额外服务。以往的知识转移经历会积累知识转移的经验、提升自身的知识水平、提升企业创新能力。因此，增强知识转移双方的知识转移经历，为缩减容忍区宽度提供保障。构建“线上+线下”的知识传输渠道，渠道的设计要保障渠道的通达性和可重复利用性，结合线上世界的及时性和线下世界的亲密性，依据知识模块的特征去有针对性地选择具体的传输渠道，确保知识及时高效进行转移传输。

第五节 本章小结

本章经过实证研究，对研发服务知识转移容忍区域的宽度及其影响因素进行了分析和探讨。本章主要结论如下：

第一，知识转移经历这一因素既对可接受的服务水平有影响，又对理想服务水平有影响，并且都成正相关。相比来说，知识转移经历对理想服务水平的影响要高于对顾客可接受服务水平的影响。但与其他两个潜在变量相比，知识转移经历影响程度都要低于他们，这说明消费者的可接受服务水平和理想服务水平更容易受到其余两个潜变量的影响，这也给研发服务企业提供了一些启示，管理者在改善服务的时候，可以先着重改善对知识转移经历影响更大的因素，然后再进一步改善其他因素。

第二，知识转移载体和知识转移距离对可接受服务水平来说都十分重要。知识转移距离越好，通常顾客可接受服务水平越高。相反，在不佳的距离下，顾客对于服务的可接受水平可能会有所降低。这个结合自己身边发生的情况更便于了解，比如当知识转移距离多远，可能觉得研发服务企业提供一些基本的服务就够了，不会再有更高的要求。满意的过往经历常常会提高可接受服务水平，因为过去的经历是评价现在的一把标尺，所以满意的过往服务经历往往会让消费者对即将接受的服务有更高的期待。

第三，知识服务承诺和持续服务强化因素对顾客理想服务水平均有显著影响。其中，额外的知识服务承诺与持续服务强化直接正相关，这就要求研发服务企业能够完成合同内的承诺，如果有余力给予顾客额外的服务会更好满足不同类型顾客的需求。

第七章

企业知识创新隧道建设引擎2的内部作用机理

在市场竞争激烈、产品生命周期缩短、技术更迭的环境下，企业无法只凭借自身的研发体系、资源构成就取得或保持自身的竞争优势。基于此，现代企业更加倾向于同高校、科研所等第三方组织进行协同创新、技术共享与研发人才方面的培养，并以技术转移的形式实现企业创新绩效的增长。但在技术转移以及技术应用的过程中，存在知识的滞留，导致技术创新的绩效没有被完全应用，直接限制了企业绩效创新水平的发展。本章以关系治理为切入点，分析了在技术转移和技术应用过程中的关系治理对企业创新绩效的影响关系。

第一节　引擎 2 的机理背景含义

一、引擎 2 的机理背景

伴随着全球化市场经济的不断推广，技术创新逐渐成为企业生存发展的重要条件，同时也是企业提高自身核心竞争力的重要手段之一。在企业保持和提升竞争力的过程中，供应链上的企业因为可以通过合作来有效缓解竞争压力、共享信息资源、促进技术创新而受到越来越多的供应链上下游企业的重视。市场的高度不确定以及技术的更新换代，对企业如何能够在这种大环境下获得和保持竞争优势提出了严峻的考验。

在这种市场需求多变的竞争环境下，单个企业越来越难以全面获取最新的知识和单独开发出企业在经营过程中所需的技术。企业的竞争力往往侧重于运用创新的绩效管理和内部创新管理来实现，所以企业可以通过与外界合作的方式，开发出更为广泛的技术创新优势。特别是知识经济时代的来临，服务经济与知识经济、技术经济进一步互动融合。服务领域新技术的不断应用及围绕问题的“聚焦装置”加速了服务创新。服务业正处在新一轮的“技术创新—服务创新”范式转变的核心，成为推动经济发展的中坚力量。研发服务机构被视为创新系统中的“第二知识基”，扮演着创新的便利者、携带者、创新源以及催化剂的角色。研发机构被视为制造企业的移动图书馆，发挥着知识存储以及知识转换的作用。因此，如何利用好研发服务机构的钥匙开启企业的创新“黑箱”，对企业竞争力的跃迁具有重要的意义。

然而，由于研发服务产品涉及知识的综合性而呈现出高度不确定性，导致研发服务成果转化生产力不足，不能很好地服务制造企业用户，导致制造企业对研发服务机构的满意度不高。而制造企业的不满意状态又影响了研发服务机构作用的发挥。周而复始，形成了一种恶性循环，直接影响了研发服务产品的功效以及制造企业的创新绩效水平。通过进行企业间关系治理以促进其创新绩效的提升成为企业应对当前竞争环境的重要方式。基于此，企业该如何通过整合企业间的关系以及企业内部的关系，达到研发服务成果交付过程中的知识转移和知识应用能力，进而提升企业的创新绩效水平。

在全过程知识转移的过程中通过知识关系治理，营造良好的知识环境，促进知识的流动性和扩散性，构建全方位的关系嵌入机制，提升知识的初始转移和深度转移，更好地服务于企业用户，解决好研发成果转化为生产力的“最后一公里”问题，真正实现研发成果的转化落地，进而提升企业的创新绩效水平。

二、 相关概念

1. 关系治理

关系治理的概念最早提出是以关系契约理论和双边结构治理观为基础的，认为其是市场和评级这两种行政手段之间的调节形式之一，是协调组织间关系的一种有效手段，关系治理意味着相互独立却又有密切联系的企业会适当减少自身的活动范围，而专注于双方所需的核心技术能力。关系治理可以看成是组织间的一种交易，主要作用于组织间关系管理的过程和结构中。企业天生是为了盈利而存在的，各自都会为了自身所得利益而有所争执，各个组织间的合作并非每次都是圆满的，也会有合作最终会以失败而告终，因此有效的关系治理可以一定程度上规避这种场面，更有甚者会强化企业双方的合作关系，维系双方持续性的联盟关系。陈灿认为关系治理是公共管理制度的一种形式，是在契约公共管理的基础上提出并回应的一种非正式交易形式，此外，有效且完善的关系治理在很大程度上提升了企业创新绩效，同时也提升了企业的竞争力。关系治理应该从合作和竞争两个方面来考虑，尤其是合作方面，包含了企业之间的信任和相关性，而在竞争方面，则应该分析关系协调和共同解决问题。从以上这些学者的研究中分析整理之后均能得到一个共同点，那就是关系治理是组织间关系的一种选择和日后及时跟进的调整。

2. 创新绩效

在当今时代，企业面临着市场竞争激烈、产品更新换代速度快的逆境，要想在这样的环境中持续保持竞争力并提升绩效，企业就必须获取更多的知识，培养员工创新能力。员工要想在企业内站稳脚跟，展现自己的价值，工作过程中凸显自己的竞争力，那么除了夯实自身工作能力之外，保持创新思维更是尤为重要。我国学者韩翼认为员工创新绩效就是指员工为了在企业内部实现自我价值，完成企业发展目标而不断进行知识深度转移，以及不断提升和完善自身的行为过程。因此企业想要长期持续不间断地提升创新绩效，就得要有大量富有创新思想的员工，集合员工的各种创新思维，将其融合进而形成企业的竞争优势。在衡量制造企业创新绩效方面，新产品的产值比起研发投入和专利申请数量更有代表性。通过对上面这些学者的研究进行整理和扩展，本章认为创新绩效是指员工为完成企业发展目标和实现自身价值而提出的对企业获得行业内竞争优势有益的新的想法，并结合企业内外部知识将初具雏形的想法完善后进行实施，最终获得的创新成果。

Oldham在他的研究中认为创新绩效应该是在满足原创或新颖两个条件的同时，进一步开发对组织产生价值的产品或创意[27]。创新绩效是企业内某个个体产生的会为组织创造创造性、新颖性、实用性和价值的产品、程序或想法，创新绩效包括创新意愿、创新行为和创新成果三维度。通常可以用研发时的投资成本、专利能力以及新产品的研发数量等指标来衡量企业的创新绩效。由以上学者的研究中可以分析得出，创新绩效是一个多维构建的变量，它的测量结果取决于测量因子之间的差异。

3. 员工关系

社会心理学认为员工关系是属于人际关系的一个分支，其主要不同点在于人际关系是整个社会中人与人在相处交往过程中形成的各种心理关系，而员工关系则把交往范围从整个社会缩小到企业内部。员工关系是一种涉及到企业日常经营和商业活动的特殊关系，比起其他人际关系会更加的微妙和复杂，所以从某种程度上来说企业内部较和谐的员工关系能够促进企业的发展，而糟糕的员工关系则会阻碍企业的发展。员工关系的实质是在相对平等的基础上，通过相互之间的交流等，建立一种和谐信任的关系，在此基础上提高员工对企业的满意度。本章所研究的员工关系，是指企业与员工或员工与员工之间的相互作用关系。

4. 知识挖掘

知识挖掘又称知识发现，是指各种可以被信任的、有新意的、有潜在利用价值的和最终可能会被人理解的知识从大数据当中被发现的过程。知识挖掘是提取数据资源中的显性知识，再对所提取的信息进行可视化交互处理以及信息智能分类，以提高该信息资源的价值，目的是挖掘出隐藏于大量显性知识中的隐性知识，形成专业全面的知识库，将这些挖掘出的隐性知识显性化并加以应用。

5. 知识吸收

知识吸收能力这一概念是 Cohen 最先提出，他认为知识吸收是指企业或员工在知识经济时代需要具备的，在某项技术创新过程中认识和及时消化会用到的知识的能力[28]。他认为员工若具有较高的知识吸收能力，那么就会带动提高整个组织的知识吸收能力，会使企业的技术创新活动得到事半功倍的效果，所以员工是否具有较高的知识吸收能力非常重要。Zahra 等认为吸收能力中包括探索性学习和利用性学习，顾名思义，探索性即在学习过程中员工或企业对知识的获取和消化能力，利用性即员工或企业对所获取到的知识进行转化和利用，而知识吸收能力是一种动态的能力，也就是说会融合探索性学习和利用性学习于一体[29]。知识吸收能力就是员工根据需要选择性地获取外部知识，消化吸收的同时结合企业内部知识，将其运用于工作中的能力。

6. 转移能力

90 年代之前，知识转移领域还未有太多人涉足，缺乏专业化。而当下，关于知识转移的研究不断丰富发展，最先提出知识转移这一概念的是美国学者 Teece。知识转移是知识流动的一个过程，知识通过多方面的转移和共享，最终达到知识增值的目的。知识转移具有动态性，将知识转移划分为知识获取、知识整合与知识创造三部分。知识转移就是企业从外部搜寻到所需知识，结合自身已有知识创造新的知识，增加自身知识存量的过程，并最终利用这些知识量实现发展目标。

7. 关系嵌入

Granovetter 认为衡量关系嵌入性的强度应该从双方情感的程度深浅、相互之间的联系频率、彼此之间得到的利益兼容性以及关系的密切程度四个方面来着手[30]。这种嵌入分为关系嵌入和结构嵌入。关系一方的经济活动是内在的，存在于相互交织的关系网络中，而他们双方之间的感情强度和关系密切程度都会对行为者的经济决策产生极大的影响。关系嵌入性强调双方态度在合作关系中的质量，Uzzi 认为其包含了信任、优质信息共享和共同解决问题三个方面[31]。信任作为关系嵌入最重要的特征，标志着合作双方对彼此工作能力的一种认可；优质信息共享是指随着企业双方合作越来越深入，现有的和潜在的知识信息的流动和交流也会更加频繁；共同解决问题即双方若在研发时遇到困难会对对方伸出援手共同解决问题，这样就会提高效率，缩短产品的开发周期，同时也会增加双方的信任，促进知识和创新的交流。

第二节　引擎2的内部机理模型

一、员工关系对创新绩效的影响

员工关系源于但又有别于劳资关系，劳资关系强调“冲突论”，而员工关系则强调“合作论”，即由企业和员工双方利益引起的，表现为合作、冲突、力量和权利的关系的总和，员工关系是指企业和员工、员工和员工之间的相互联系和影响，与企业的目标、战略、实际的管理过程相联系。员工关系是企业通过与员工之间的有意义的沟通交流，是企业促使并影响员工的行为，最终实现提升企业创新绩效的目标。员工关系管理是在人力资源管理的整体机制之下，通过绩效管理、薪酬管理等各种制度发挥作用，共同营造组织内部良好的员工关系，维系企业与员工之间正面的心理契约，能够为组织的健康发展以及绩效的持续提升提供强有力的保障。基于上述分析，本章提出以下假设：

H1：员工关系对创新绩效呈正相关影响。

二、知识挖掘对创新绩效的影响

知识挖掘是数据挖掘在知识管理中的应用，从数据挖掘到知识挖掘这一转变的意义在于转变后的知识挖掘更加强调知识创新的能动性。国内学者对知识挖掘的理解一部分与国外学者基本相似，着眼于知识挖掘技术层面的内容，认为知识挖掘的对象是显形的数据。还有一部分学者认为知识挖掘是对知识的挖掘，其对象可以是显形知识，也可以是隐性知识，甚至对于隐性知识的挖掘更重要一些。如今信息化时代随着计算机技术的发展和业务复杂性的提高，数据的类型也会愈加复杂，知识挖掘技术在企业技术创新方面的运用会越来越广泛，在这一领域会体现出更加重要的价值。随着知识挖掘技术的进一步发展，在企业技术创新方面会有更广泛的应用前景和市场价值，提升企业的创新绩效，进而增强企业核心竞争力。基于以上分析，本章提出以下假设：

H2：知识挖掘对创新绩效呈正相关影响。

三、知识吸收对创新绩效的影响

Cohen 等最先提出知识吸收能力的概念，他认为知识吸收是指企业或员工在一定环境氛围中识别和消化知识的能力[28]。他认为员工知识吸收能力的提高会带动整个组织知识吸收能力的提高，因此员工知识吸收能力非常重要。吸收能力包含探索性学习和利用性学习，探索性学习即知识获取、消化能力，利用性学习即知识转化、利用能力，而知识吸收能力是一种动态的能力，融合探索性学习和利用性学习于一体。知识吸收能力就是员工根据需要选择性地获取外部知识，消化吸收的同时结合企业内部知识，将其运用于工作中的能力。对于知识吸收能力和创新绩效之间的实证研究，解学梅从中介效应的角度论证了知识吸收能力可以促进创新绩效的提升。知识吸收能力强的员工越容易提出自己的见解，对新的想法就越好奇，也会更容易激发高层次的创新绩效。基于以上分析，本章提出以下假设：

H3：知识吸收能力对创新绩效呈正相关影响。

四、转移能力对创新绩效的影响

在开放式创新背景下，企业竞争优势的构建不仅仅依赖于企业内部有价值、稀缺的资源，而更多的开始依赖外部知识。Cummings 知识转移是涉及知识传播者与知识接收者之间进行的知识资源互动的过程，需要依赖知识转出方、接收方、目标知识和转移情境四个主体参与[32]。知识转移实质上就是企业感知外部环境，从中搜索有用知识为自身所用，并结合自身已有知识创造出新的知识，增加自身知识存量的过程。根据国内外学者的研究可以看出企业知识转移能力的增强可以使得创新绩效得到相应的提升。基于以上分析，本章提出以下假设：

H4：转移能力对创新绩效呈正相关影响。

五、关系嵌入对创新绩效的影响

Gulati 认为，关系嵌入是指交易双方相互理解、信任以及承诺的程度，关注的是二元交易主体之间直接的联结关系[33]。对于关系嵌入的研究，国内外学者大都集中于关系嵌入作为中介变量等，比如任胜刚等人研究了关系嵌入不同变量对创新绩效的交互效应。冯增田与郝斌认为关系嵌入对产品创新的影响显著。从以上学者们的观点可以看出商业活动主体之间如果有更加紧密的联系时，他们会有更强烈的相互学习的意愿，企业内外部关系网络创造了一个开放、信任、互动性更强的环境氛围，组织内成员可以从这个组织嵌入的密集网络中获益，成员间会更加团结，更加信任，相应的会提高自身的创造力，进而提升企业创新绩效。基于以上分析，本章提出以下假设：

H5：关系嵌入对创新绩效呈正相关影响。

六、员工关系对知识吸收的影响

由马斯洛需求层次理论可知，一个人在团体中所需要的不仅仅是薪酬、福利等有形物品，在很大程度上他们更需要一个心理的寄托，即归属感和尊重。这种需要与企业和员工、员工和员工之间相互影响而形成的氛围，也就是员工关系有密切关系。如果员工能够在组织内部感受到和谐的氛围，那么对员工知识的成长和发展是非常重要的。员工在组织内身心都得到了放松，那他就会更加愿意去学习新的知识，这种对知识的渴望会促进员工知识吸收能力的提高。基于以上分析，本章提出以下假设：

H6：员工关系对创新绩效呈正相关影响。

七、员工关系对知识挖掘的影响

根据社会资本理论，组织实施不同的知识治理机制将会潜在地改变员工人际关系，为员工创造相应的条件和氛围以增强与他人的互动关系，影响员工在组织中的人际网络结构，最终将影响到员工的知识共享意愿和行为。如果企业内部员工之间的关系都比较紧密，相处也比较和谐，那么在这种身心都得到放松的环境氛围下，企业员工就会愿意去学习新的知识，研究新的技术以挖掘到更多隐性知识来提高企业整体的创造力。基于以上分析，本章提出以下假设：

H7：员工关系对知识挖掘成正相关影响。

八、关系嵌入对知识挖掘的影响

知识挖掘是对资源所包含的显性知识进行提炼，如从各类文献中提取断言型、解释型和数值型的知识元，对同类数值型知识元进行列表对比，发现文献的隐性关联，对知识元进行可视化处理，文献智能聚类等，使信息增值。其目的就是运用最新的智能工具来挖掘蕴藏于海量显性信息中的隐性知识，形成专业知识库和知识仓库，将隐性知识显性化并给予利用。如果组织存在更高度的内、外部关系嵌入时，会增强组织间的有效互动，为企业创造一个更加开放、信任、互动性更强的内部环境氛围。在这样的基础上，各个企业主体会有更多的机会获得所需的隐性知识，进一步完善企业知识库。基于以上分析，本章提出以下假设：

H8：关系嵌入对知识挖掘呈正相关影响。

本章基于前人的研究成果提出了研究假设，并在此基础上构建了关系治理对企业创新绩效的影响关系的理论模型，如图 7-1 所示。

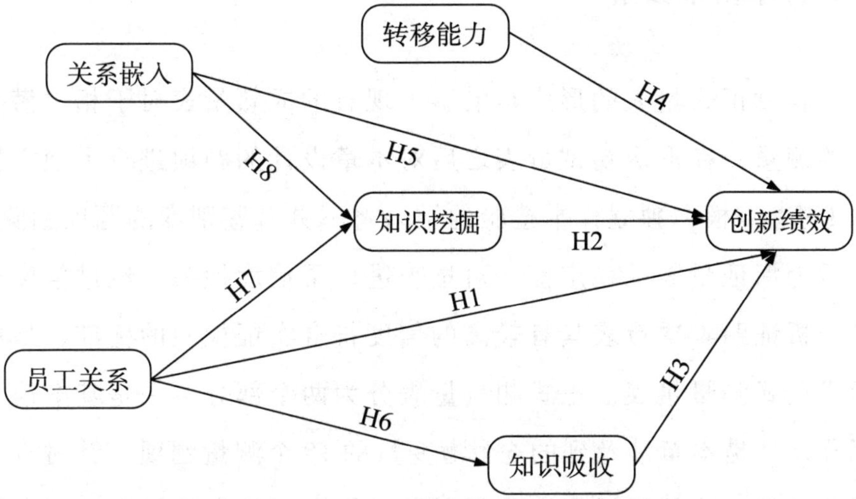

图 7-1　关系治理对企业创新绩效影响关系理论模型

第三节　引擎 2 内部机理模型的实证分析

一、样本基本数据

本章正式量表的形成是借鉴了现有的成熟量表对于相关潜变量的测量，在形成初试量表之后对本章设计的题项进行了独立样本 T 检验，根据独立样本检验的结果将不具有鉴别度的题项删除。之后为保证量表的稳定性，对量表进行了信度检验。经过信度检验分析证明本次量表具有较高的信度符合实证检验的标准，最后形成正式测量量表。正式测量量表分为两个部分，一是基本信息部分，二是本章涉及到的 6 个潜变量的 18 个测量题项。针对汽车研发部门、电子通讯研发部门以及通用电气研发部门进行问卷调研和访谈，总共发放 190 份问卷，有效问卷 165 份。具体的样本的基本情况见表 7-1 所示：

二、测量模型数据分析

本章的测量模型如图 7-2 所示，其中 Q1-Q18 为观测变量，员工关系、知识挖掘、知识吸收、转移能力、关系嵌入、创新绩效为潜变量。

本章从两个方面对测量模型的拟合效果进行检验，首先选合适的拟合指标对测量模型的拟合优度进行分析，来判断模型的整体效果，其次对测量题项的显著性进行检验，来判断测量题项是否准确测量了相应的潜变量。本章对测量模型进行拟合优度检验结果见表7-2。

表7-1　样本基本情况统计表

统计变量	特性	频数	百分比
性别	男性	123	74.55%
	女性	42	25.45%
年龄	20—30	31	18.79%
	31—40	94	56.97%
	41—50	30	18.18%
	51—60	10	6.06%
教育程度	大专以下	1	0.61%
	大专	7	4.24%
	本科	89	53.94%
	硕士	49	29.70%
	博士	19	11.52%
部门规模	1—10	17	10.03%
	11—20	77	46.67%
	21—30	39	23.64%
	31—40	18	10.91%
	41—50	9	5.45%

续表

统计变量	特性	频数	百分比
职称	初级	10	6.06%
	中级	106	62.24%
	高级	37	22.42%
	其他	12	7.27%
工作期限	<1	4	2.42%
	1—5	32	19.39%
	6—10	88	53.33%
	11—15	31	18.79%
	>16	10	6.06%
工作类型	研发岗	32	19.39%
	技术岗	87	52.73%
	管理岗	24	14.55%
	其他	22	13.33%

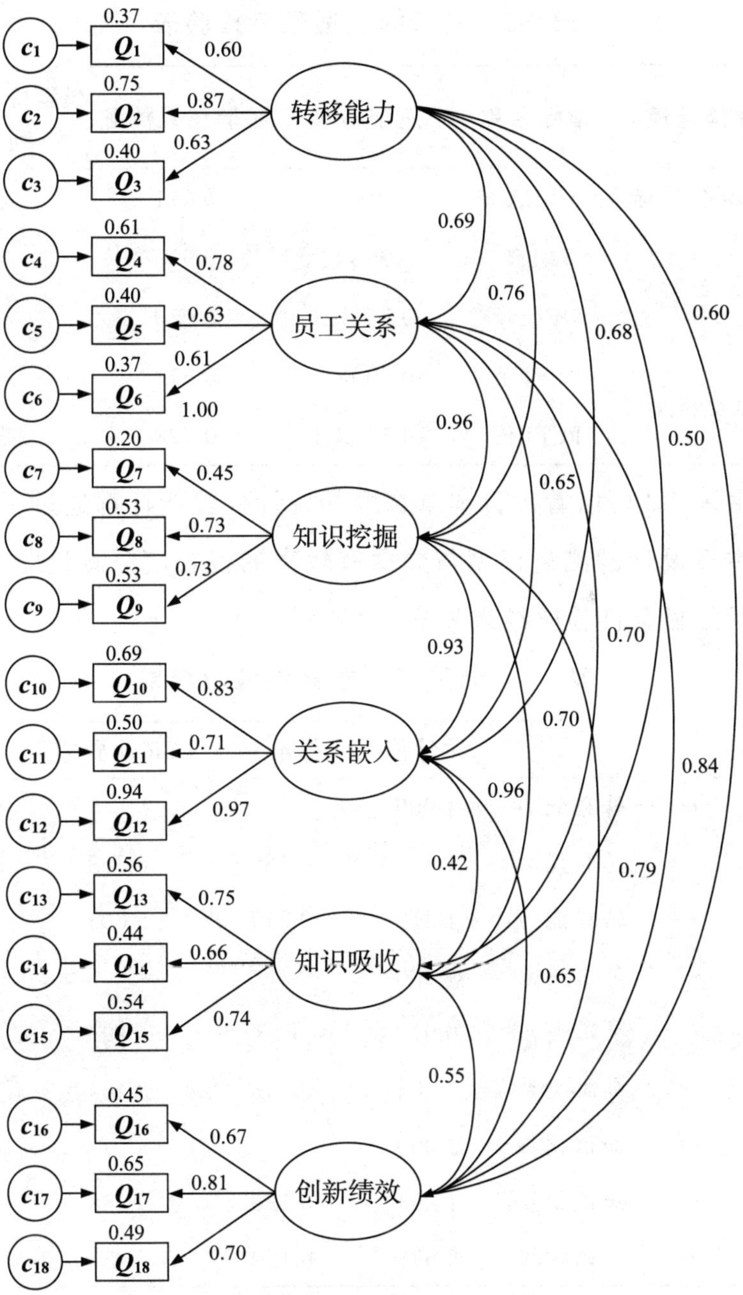

图 7-2　测量模型标准化参数估计值

表 7-2　测量模型适配度检验表

统计检验量	指标名称	适配标准	检验结果数据	模型检验结果判断
绝对拟合指标	RMSEA 值	<0.08	0.071	是
增值拟合指标	TLI 值	>0.90 以上	0.909	是
	IFI 值	>0.90 以上	0.930	是
简约度指标	PNFI 值	>0.50 以上	0.673	是
	PCFI 值	>0.50 以上	0.728	是

由表 7-2 可以看出，本章选取的统计检验指标都通过了检验，证明本章设计的测量模型与数据有较高的拟合度。测量题项未标准化后的显著性检验结果见表 7-3 所示。

表 7-3　测量题项显著性检验结果

			估计值	标准差	CR 临界值	P 值
Q3	←	转移能力	1.000			
Q2	←	转移能力	1.575	0.189	8.352	***
Q1	←	转移能力	1.218	0.217	5.603	***
Q6	←	员工关系	1.000			
Q5	←	员工关系	0.977	0.15	6.499	***
Q4	←	员工关系	1.104	0.148	7.464	***
Q9	←	知识挖掘	1.000			
Q8	←	知识挖掘	1.294	0.139	9.338	***
Q7	←	知识挖掘	0.698	0.122	5.727	***

续表

			估计值	标准差	CR 临界值	P 值
Q12	←	关系嵌入	1.000			
Q11	←	关系嵌入	0.731	0.061	11.9	***
Q10	←	关系嵌入	0.762	0.051	15.054	***
Q15	←	知识吸收	1.000			
Q14	←	知识吸收	0.944	0.131	7.216	***
Q13	←	知识吸收	1.138	0.156	7.313	***
Q18	←	创新绩效	1.000			
Q17	←	创新绩效	1.382	0.163	8.465	***
Q16	←	创新绩效	0.879	0.119	7.381	***

注：***表示 P<0.001

由表 7-3 可以看出，本章设计的 18 个测量题项均能充分反映其所对应的潜变量，不需进行题项数量的删减或者位置的调整。可以进行下一步结构模型的显著性检验。

三、结构模型数据分析

本章根据关系治理对企业创新绩效的影响关系构建了结构模型。标准化结构模型结果见图 7-3。

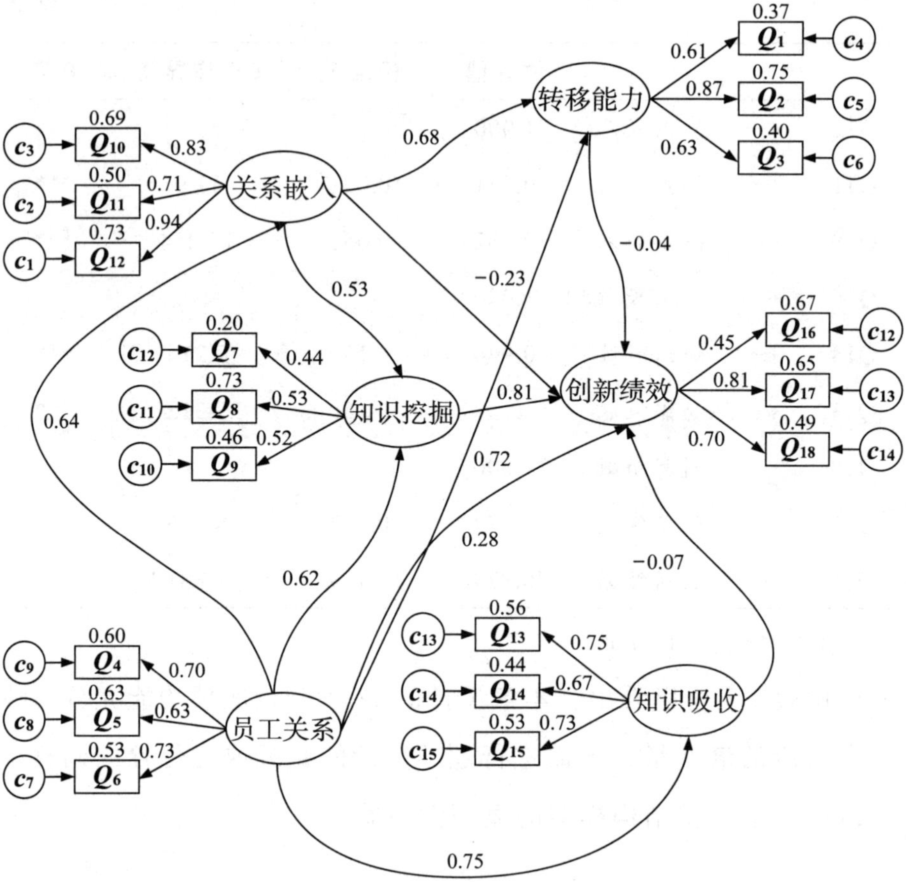

图 7-3　标准化的结构模型图

与测量模型一样，对结构模型的测量也要用拟合指标对模型进行整体的显著性分析和参数显著性检验。结构模型的参数显著性检验包括路径系数显著性检验和测量题项显著性检验。对结构模型做拟合优度检验的结果见表 7-4。

表 7-4　结构模型拟合优度分析

统计检验量	指标名称	适配标准	检验结果数据	模型检验结果判断
绝对拟合指标	RMR 值	<0.08	0.025	是
	RMSEA 值	<0.08	0.069	是
增值拟合指标	TLI 值	>0.90 以上	0.914	是
	IFI 值	>0.90 以上	0.931	是
简约度指标	PGFI	>0.50 以上	0.632	是
	PNFI 值	>0.50 以上	0.694	是
	PCFI 值	>0.50 以上	0.754	是

由表 7-4 可以看出，本章构建的结构模型拟合优度较好，与数据的适配度较高。在整体模型拟合优度较高的前提下，可以进行路径系数和测量题项的显著性检验。

在完成结构模型的整体拟合优度检验之后，要对模型的路径系数进行显著性检验，以此为依据分析模型中的路径是否合适，进一步验证研究假设的成立。结构模型中路径系数的显著性检验结果见表 7-5。

表 7-5　路径系数显著性检验结果

影响路径			估计值	标准差	CR 临界值	P 值
知识挖掘	←	关系嵌入	0.254	0.042	6.086	***
知识挖掘	←	员工关系	0.659	0.124	5.32	***
知识吸收	←	员工关系	0.793	0.136	5.82	***
创新绩效	←	转移能力	−0.03	0.111	−2.273	***
创新绩效	←	关系嵌入	−0.121	0.216	−0.561	0.575
创新绩效	←	知识挖掘	0.893	0.058	2.116	0.021
创新绩效	←	员工关系	0.332	0.324	4.633	0.007
创新绩效	←	知识吸收	−0.076	0.151	−3.504	***

注：***表示 P 小于 0.001

由表 7-5 可以看出，关系嵌入对于创新绩效的影响路径的 P 值大于 0.05，表明该条路径系数不显著，不能拒绝原假设，即关系嵌入对创新绩效没有直接影响。因此，根据上述分析结果，关系嵌入对创新绩效的直接影响这条路径应该从模型中删掉。

对于结构模型测量题项的显著性检验，同样是通过 CR 绝对值和 P 值的大小来判断。结构模型测量题项显著性检验的结果见表 7-6。

表 7-6　结构模型测量题项显著性检验结果

			估计值	标准差	CR 临界值	P 值
Q12	←	关系嵌入	1.000			
Q11	←	关系嵌入	0.731	0.061	11.906	***
Q10	←	关系嵌入	0.761	0.051	15.044	***
Q1	←	转移能力	1.000			
Q2	←	转移能力	1.29	0.211	6.126	***
Q3	←	转移能力	0.818	0.146	5.586	***
Q6	←	员工关系	1.000			
Q5	←	员工关系	0.975	0.149	6.543	***
Q4	←	员工关系	1.096	0.145	5.586	***
Q9	←	知识挖掘	1.000			
Q8	←	知识挖掘	1.305	0.139	9.384	***
Q7	←	知识挖掘	0.697	0.123	5.676	***
Q15	←	知识吸收	1.000			
Q14	←	知识吸收	0.96	0.133	7.246	***
Q13	←	知识吸收	1.155	0.157	7.354	***
Q18	←	创新绩效	1.000			
Q17	←	创新绩效	1.383	0.163	8.466	***
Q16	←	创新绩效	0.88	0.119	7.382	***

注：***表示 P<0.001

从表 7-6 可以看出，所有测量题项的 P 值均小于 0.05，即通过了题项的显著性检验，说明测量题项能够充分代表其所对应的潜变量的情况。

四、修正模型的数据分析

从结构模型路径系数显著性检验结果可以看出，关系嵌入对创新绩效的直接影响是不显著的，所以需要将这条路径删掉来对模型进行修改。从测量题项显著性检验结果可以看出，本章设计的测量题项都通过了检验，所以该部分不再做调整。根据上述分析,从原来的模型中删除了关系嵌入对创新绩效直接影响的路径。最终修正的模型见图 7-4。

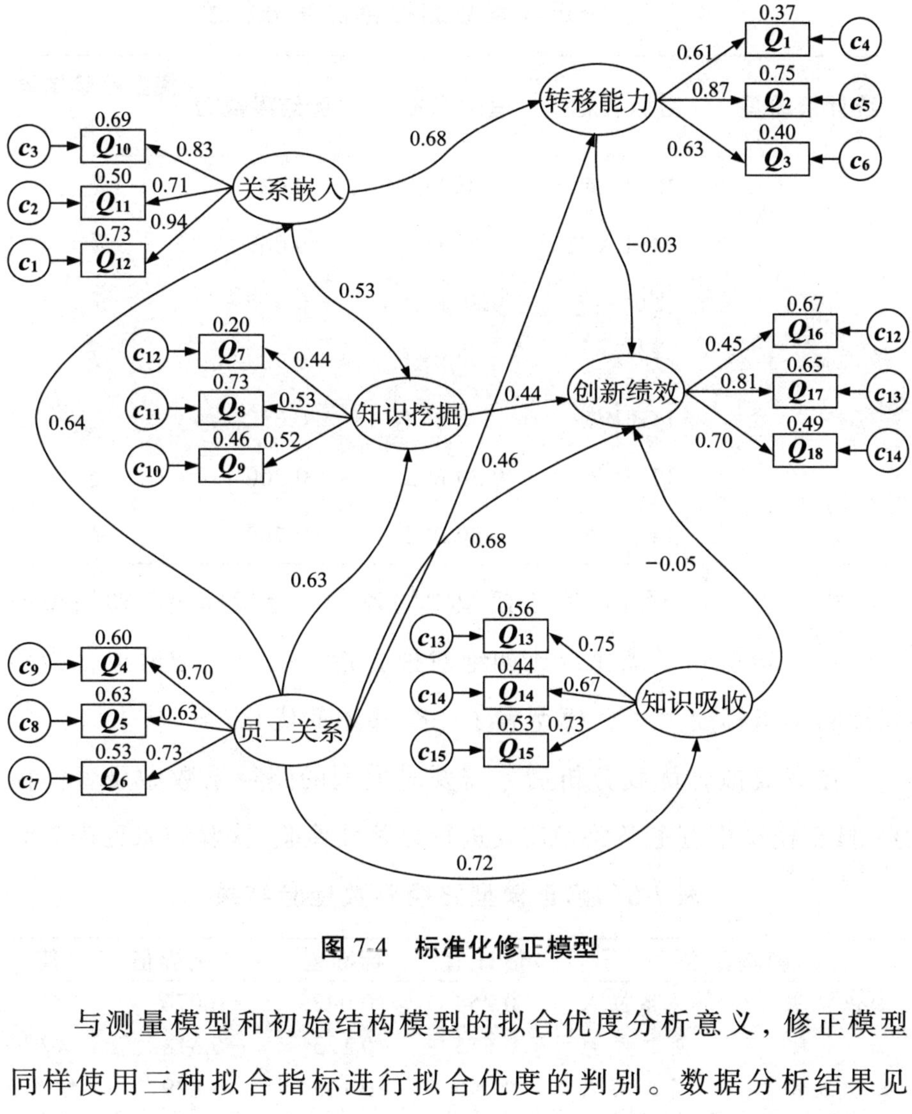

图 7-4　标准化修正模型

与测量模型和初始结构模型的拟合优度分析意义，修正模型同样使用三种拟合指标进行拟合优度的判别。数据分析结果见表 7-7。

表 7-7　修正模型数据拟合优度分析表

统计检验量	指标名称	适配标准	检验结果数据	模型检验结果判断
绝对拟合指标	RMR 值	<0.05	0.025	是
	RMSEA 值	<0.08	0.069	是
增值拟合指标	TLI 值	>0.90 以上	0.915	是
	IFI 值	>0.90 以上	0.932	是
	PGFI 值	>0.50 以上	0.637	是
简约度指标	PNFI 值	>0.50 以上	0.700	是
	PCFI 值	>0.50 以上	0.760	是

由表 7-7 可以看出，修正模型中的各个拟合指标相对初始模型中的指标均得到了优化，比如绝对拟合指标变小，增值拟合指标和接阅读指标变大了，模型有了一个整体的优化。

在完成拟合优度分析后，需要对模型的路径系数做显著性检验，修正模型中有七条路径需要进行显著性检验，检验结果见表 7-8。

表 7-8　修正模型路径系数检验结果

影响路径			估计值	标准差	CR 临界值	P 值
知识挖掘	←	关系嵌入	0.254	0.042	6.076	***
知识挖掘	←	员工关系	0.655	0.123	5.313	***
知识吸收	←	员工关系	0.790	0.135	5.829	***
创新绩效	←	转移能力	−0.127	0.110	−3.245	***
创新绩效	←	知识挖掘	0.491	0.212	2.315	0.021
创新绩效	←	员工关系	0.533	0.274	2.944	0.009
创新绩效	←	知识吸收	−0.153	0.144	-3.368	***

注：***表示 P<0.001

由表7-8可以看出，CR的绝对值都大于1.96，P值都小于0.05，即修正模型的路径系数均是显著的。修正后的模型与数据有更高的拟合度，达到了修正模型的目的。测量题项的显著性检验结果见表7-9。

表7-9　修正模型测量题项显著性检验结果

			估计值	标准差	CR临界值	P值
Q12	←	关系嵌入	1			
Q11	←	关系嵌入	0.731	0.061	11.908	***
Q10	←	关系嵌入	0.760	0.051	15.050	***
Q1	←	转移能力	1.000			
Q2	←	转移能力	1.289	0.211	6.120	***
Q3	←	转移能力	0.817	0.146	5.579	***
Q18	←	创新绩效	1.000			
Q17	←	创新绩效	1.377	0.163	8.473	***
Q16	←	创新绩效	0.879	0.119	7.386	***
Q6	←	员工关系	1.000			
Q5	←	员工关系	0.974	0.149	6.530	***
Q4	←	员工关系	1.099	0.146	7.542	***
Q9	←	知识挖掘	1.000			
Q8	←	知识挖掘	1.307	0.141	9.264	***
Q7	←	知识挖掘	0.699	0.123	5.661	***
Q15	←	知识吸收	1.000			
Q14	←	知识吸收	0.960	0.133	7.246	***
Q13	←	知识吸收	1.154	0.157	7.355	***

注：***表示P<0.001

由表7-9可以看出，修正模型中的测量题项都是显著的，所以本章设计的题项可以很好地反映对应的潜变量。

根据修正模型数据分析可以得到创新绩效影响因素各个路径系数的大小。修正模型及其路径系数见图7-5。

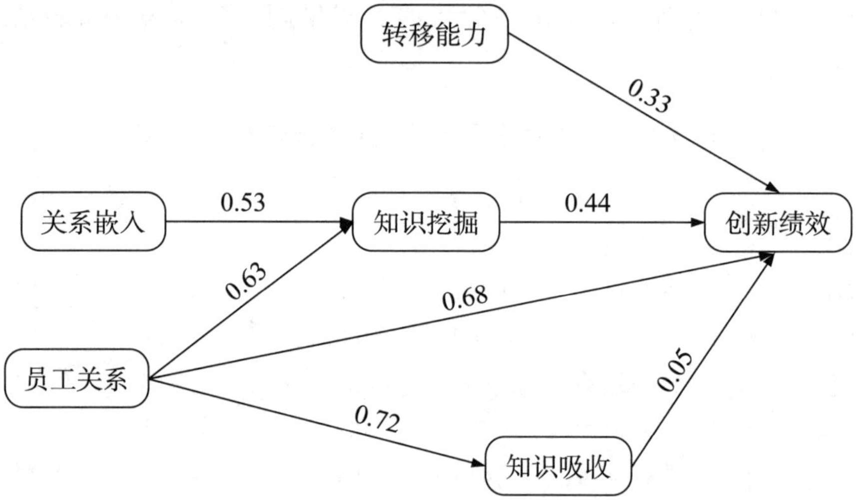

图7-5　创新绩效影响因素路径系数

由图7-5可以看出，转移能力、关系嵌入、知识挖掘、员工关系、知识吸收都会对创新绩效产生影响，只是不同变量对创新绩效产生影响的方式及大小不同。其中，员工关系对创新绩效有直接的影响，同时通过知识挖掘和知识吸收会对创新绩效产生间接的影响；转移能力、知识挖掘、知识吸收三个变量均对创新绩效有直接的影响；关系嵌入通过知识挖掘对创新绩效产生间接的影响。

为进一步分析各个变量对创新绩效的影响，通过SEM模型拟合结果，计算出标准化的路径系数，可以看出直接路径和间接路径对创新绩效影响的大小。直接路径和间接路径系数大小见表7-10。

表 7-10　创新绩效影响因素路径分析

路径编号	影响路径	路径值
路径Ⅰ	员工关系影响创新绩效	0.68
路径Ⅱ	知识挖掘影响创新绩效	0.44
路径Ⅲ	知识吸收影响创新绩效	0.05
路径Ⅳ	转移能力影响创新绩效	0.03
路径Ⅴ	员工关系通过知识吸收影响创新绩效	0.04
路径Ⅵ	员工关系通过知识挖掘影响创新绩效	0.28
路径Ⅶ	关系嵌入通过知识挖掘影响创新绩效	0.23

由数据分析结果可以看出员工关系对创新绩效产生直接影响，且路径系数达到了 0.68。由此可见，组织内部良好的员工关系是组织健康发展以及创新绩效持续提升的强有力的保障。知识挖掘对创新绩效产生直接影响，路径系数为 0.44。企业是否更加广泛地挖掘隐性知识对创新绩效的提高会产生重大影响，若企业能够重视知识挖掘技术在企业技术创新方面的应用，更深层次地开发知识挖掘技术，就会使企业创新绩效得到进一步的提升。企业员工的知识吸收能力会对企业创新绩效产生直接影响，路径系数为 0.05。企业创新活动是否能够顺利进行，技术人员对知识的吸收能力也是影响因素之一，主要是与研发活动相关的知识专业性都比较强，所以技术人员都需要具备较高的知识吸收能力来将这些专业知识转化为自己的知识，并将其运用到技术创新活动中，使创新活动能够更加高效完成，这样就更容易提高企业的创新绩效。

知识转移人员的转移能力对企业创新绩效会产生直接影响，

路径系数为 0.03。知识转移人员具备的转移能力越强，那么企业技术创新活动面临的阻碍也就越少，相应的创造的绩效也就越高。员工关系通过知识吸收会对创新绩效产生间接的影响，路径系数为 0.04。员工关系不仅会对创新绩效有直接的影响，还会通过知识吸收对创新绩效有间接影响。员工关系通过知识挖掘会对创新绩效产生间接影响，路径系数为 0.28。知识挖掘技术对单个技术人员来说，掌握的难度会相对较大，但是如果能够处理好企业内部的员工关系，员工之间能够建立良好的沟通交流，那么就会更容易地突破对隐性知识的挖掘，为企业技术创新提供更多的帮助。

关系嵌入通过知识挖掘对企业创新绩效有间接的影响，路径系数为 0.23。知识挖掘的目的是将隐性知识显性化并加以应用，若企业存在更高强度的关系嵌入，为企业内部营造了一个互动性更强的环境氛围，那么加上知识挖掘所形成的专业知识库，企业就会有更大的可能来提高创新绩效。关系嵌入对创新绩效有正向影响这一研究假设没有通过验证。关系嵌入包含信任、信息共享、共同解决问题三个方面。共同解决问题就代表了比信任、信息共享更高层次的关系嵌入水平，因此企业在共同解决问题的时候实际已经建立了非常牢固的信任和频繁的信息交换。尤其是显性知识，因为它是能够被形式化的知识，所以在企业双方的频繁交流下，显性知识的交换已经基本完成，企业知识的同质化趋势非常明显。这种情况下，如果进一步提高关系嵌入性水平不但对获取显性知识没有帮助，反而会增加沟通成本，不利于企业绩效的提升。而隐性知识是不能形式化的知识，传递的难度要远大于显性知识，因此，共同解决问题提供给企业双方近距离学习的机会，这一过程有利于双方企业员工的互动交流，实现隐性知识的传递。因此对于隐性知识来说，加强信任和信息共享仍然非常重要，但更要抓住共同解决问题的机会促进人员交流，提高获取隐性知识的能力，进而提高企业绩效。

第四节　引擎 2 作用的提升策略研究

营造良好的知识环境，促进知识的流动性和扩散性。从本章研究结论得知，员工关系对企业创新绩效产生直接的正向影响，良好的员工关系有利于提升员工知识共享意愿、知识整合能力，从而提高知识资源配置效率。所以可以通过营造良好的创新文化氛围，鼓励员工进行创新，促使全员学习，进而促进知识的流动性和扩散性。企业应该建立知识创新的企业文化，鼓励创新，为员工提供轻松而灵活的创新氛围，包容失败，建立试错机制，将创新过程纳入到工作的考核范围中。知识创新氛围的建设，为知识的有效转移、知识的流通建立了传递渠道。知识共享是组织内部成员之间相互交流，使知识由个人的经验扩散到组织的层面。组织层面的知识有助于个体遇到问题时提供解决的办法，个体问题的解决可反馈至组织的知识系统里，最终提高组织的效率。

充分发挥知识挖掘在创新绩效影响路径上的直接效应和中介效应。从直接效应关系入手，知识挖掘对创新绩效产生正向的影响关系。因此，一方面需要结合企业的具体情况去做关联，另一方面，结合现有的研究基础需要与前期的知识转移方进行深度的合作和交流，从横向视角对现有的知识结构以及知识的边界进行相关拓展,从纵向视角不断地挖掘现有知识模块之间的深度关系。从中介效应关系分析，知识挖掘在员工关系和关系嵌入影响创新绩效的路径上起中介作用。因此，在做知识关系治理的过程中，尤其是关系嵌入机制，要有知识挖掘作为载体进行路径传导。具体而言，构建全方位的关系嵌入机制，提升知识的初始转移和深度转移。全方位的关系嵌入机制应从信任、信息共享和合作解决问题三个方面着手构建。在相互信任方面，要发展长期稳定的合作关系，在互相信任的基础上展开更加深入的合作，以开放的心态投入相关资源，共担风险，进而达到企业合作的共同目标。企业间的信息共享是企业获取知识重要的来源，企业信息共享的程度越深，企业知识信息在广度、深度及时效性方面就越好，企业就更能够从这些信息中抓住创新机会，进而提升创新绩效。合作解决问题对企业隐性知识的获取具有直接的影响，双方应该对关键的技术难题进行合作解决，相互提供技术支持，通过完善合作解决问题机制来提高企业知识挖掘能力，提高企业的创新绩效。通过构建“信任—信息共享—合作解决问题”三维的网络体系，形成全方位的关系嵌入机制，促进知识的深度转移和应用。

形成长效的学习机制，增强对知识的吸收及知识深度应用能力。本章研究结论表明，知识转移能力和知识吸收能力都会对企业创新绩效产生正向的影响，企业应该鼓励员工提高知识吸收能力并发挥每个阶段的协同效应，使员工得到全面的进步。员工在一阶段知识接收完成后，开始二阶段的知识输出。二阶段的知识输出的路径为“知识整合—知识挖掘—知识扩散—知识应用”。在知识整合阶段，员工将接收到的知识与原有的知识进行融合，形成解决现有问题的新知识。在问题解决的过程中，要深入研究现有知识结构之间的模块关系以及可能延伸的问题，针对延伸的问题进行知识链接，做好知识的深度挖掘工作，形成知识包，构建知识链。知识扩散阶段是将深度挖掘的知识包和知识链进行知识释放与知识共享。知识扩散需建立完善的知识扩散网络，并且形成完善的知识共享机制，让知识流在知识扩散网络中流转。在知识扩散网络的支撑下，知识包与知识链可以被成功地应用在企业中，实现知识的终端应用。

第五节　本章小结

本章围绕关系治理对企业创新绩效的影响关系展开，研究了员工关系、知识挖掘、知识吸收、转移能力和关系嵌入对创新绩效的影响以及这五个因素之间的相关影响。在此基础上构建了创新绩效影响因素的理论模型，通过实证分析得出以下研究结论：

第一，员工关系对创新绩效会产生直接影响，路径系数为0.68。而且员工关系还会通过影响知识挖掘和知识吸收对创新绩效产生间接影响，路径系数分别为0.04和0.28。由此可见，员工关系在企业内部对创新绩效有重要的影响。

第二，知识转移人员的转移能力对创新绩效会产生直接影响，路径系数为0.03。知识转移人员在解释知识、传递知识方面的能力越强，企业创新活动进行也就更顺畅，相应的得到的创新绩效也就越高。

第三，知识挖掘对创新绩效产生直接影响，路径系数为0.44。知识挖掘的目的是将隐性知识显性化并加以应用，完善企业的专业知识库，为技术创新提供知识依据，进而提升企业绩效。

第四，知识吸收对创新绩效产生直接的影响，路径系数为0.05。技术人员能否完全吸收技术创新所需知识对后续创新活动以及绩效的提高有直接影响，所以技术人员的知识吸收能力越高，技术创新活动的进行也就越顺利。

第五，关系嵌入通过知识挖掘的影响对创新绩效有间接的影响，路径系数为 0.23。知识挖掘的目的是将从大量数据中挖掘获取到的隐性知识显性化并加以利用，因此，若企业能够构建更高强度的关系嵌入，在企业内部营造一个互动性更强的氛围，那么在通过知识挖掘所形成的专业知识库的基础上，企业就会有更大的机会来提升创新绩效。

在明确创新绩效影响因素的基础上，本章提出了提高企业创新绩效的管理措施。包括三个方面的内容：一是营造良好的知识环境，促进知识的流动性和扩散性；二是构建全方位的关系嵌入机制，提升知识的初始转移和深度转移；三是形成长效的学习机制，增强对知识的吸收及知识的深度应用能力。

第八章

企业知识创新隧道建设引擎2的核心系统

本章在数字经济经济塑造的开放创新生态中致力于提升企业的知识创新水平，从知识空间所有权、知识情绪所有权、知识关系所有权、知识心理所有权和知识组织所有权提出了知识所有权系统模型。为了验证知识所有权系统之间的内部结构作用机制，本章构建了知识所有权系统对知识创新的作用模型，并基于结构方程模型进行实证检验，最终得出了知识所有权系统对知识创新的影响路径关系。接着，基于知识所有权系统的目的性、相关性、层次性、集成性和动态性五维特征的视角给出了相应的管理启示。最后，本章提出了知识所有权未来的研究框架，重点集中于知识所有权的内部子结构的打开以及与知识全过程管理的交互关系，致力于实现开放创新生态主体到知识创新的知识隧道的开发与持续建设，以知识创新之引擎推动创新发展。

第一节 引擎2核心系统建设的必要性

党的十九届六中全会坚持创新在我国现代化建设全局中的核心地位，把科技自立自强作为国家发展的战略支撑。尤其是国家布局数字经济发展以来，强调充分发挥海量数据和应用场景优势，产品和服务创新基于创造新的市场并创造增长机会已经成为企业生存和发展的关键战略。企业创新活动中知识创新的能力是保持竞争优势的关键，知识创新的核心在于知识共享、知识应用和新知识创造的过程，而数字经济的交叉融合所呈现的跨学科跨领域的异质知识交融给知识创新过程带来了巨大的挑战。知识创新已经作为企业新时代发展的重要引擎，如何在开放创新的生态下开展并持续创造新知识，进行知识有效的分享和深度的知识应用成为数字经济下企业发展中所需要重点解决的问题。

组织变得更具创新性的一个重要的影响因素是鼓励员工的创新工作行为。并不是所有的知识都可以较为容易地运用并形成新的产品，因为这些知识的获取还与企业的知识整合能力相关。在企业拥有不同学科不同领域的知识之后，需要恰当地“敲打”现有知识来激发它的创新潜力。影响员工创新的一个重要的因素为知识所有权，关于员工知识所有权对知识创新的研究，现有的研究主要集中于个体特征和情境特征两个方面。个体情境侧重于心理知识所有权，基于社会资本理论和契约理论等理论展开，从员工的认知取向、个体特征和心理等维度研究了员工知识创新的相关机制。情景特征侧重于组织知识所有权，基于角色理论和社会交换等理论展开，从组织氛围、组织环境和组织关系等探究员工知识创新的影响路径。

在数字经济所塑造的开放创新生态中，现有的研究更多地描述了知识创新的相关知识所有权因素的作用机理。但对于知识所有权的内部结构，知识所有权的内部结构与知识全过程管理的交互关系，知识所有权的内部结构之间的交互关系以及知识所有权要素的动态演进等方面的研究涉及不全面，并没有从集成性、层次性和动态性的视角形成与开放创新生态系统相匹配适应的知识所有权系统。本研究将知识创新和知识所有权的研究理论进行边界拓展，将其纳入开放创新生态系统中，形成了子系统即知识所有权系统。本章提出了知识所有权系统概念模型，在其基础上构建了知识所有权系统对知识创新的影响机制模型，并进一步探究了知识所有权系统内部的结构关系，从目的性、集成性、相关性、层次性和动态性的视角为企业提出了构建知识所有权系统的相关建议。最终，提出了知识所有权未来的研究框架，致力于实现开放创新生态主体到知识创新的知识隧道的开发与持续建设，以知识创新之引擎推动数字经济下的科技创新，实现创新发展。

第二节　引擎2核心系统模型

一、知识所有权系统概念模型

虽然探索式活动在短时间内失败的可能性较大，但企业在长期内取得突破式创新的可能性将会大大提升。知识整合分为探索式知识整合和利用式知识整合，探索式知识整合以整合新颖性的知识为起点，而利用式知识整合侧重于完善现有知识体系，两者均会促进风险投资创新。企业应注重激励员工个人的知识探索和知识应用，鼓励员工创造并提供知识。Lee等发现研发团队的知识探索和知识利用所产生的知识进行知识共享的协同组合对跨国企业的绩效具有促进作用[34]。在学者们研究的基础上，本章提出知识空间所有权的概念：保证优化和利用现有知识存量的同时，在识别困境和解决问题的过程中，通过利用式和探索式的知识协同模式进行知识的深度挖掘和新知识的生成。因此，提出如下的假设：

H1：知识空间所有权对知识创新水平有正向的影响关系；

心理所有权产生的动机以及路径：功效的追求，自我识别以及空间占有，心理所有权的路径包括目标控制以及情感投入。心理所有权分为促进性心理所有权和防御性心理所有权。其中，促进性心理所有权指个人对组织目标是自己的一种心理暗示，包括自我效能、自我认同、归属感和责任感四个维度；防御性的心理所有权引入了领地感，是个体占有物可能脱离控制时产生的防御心理。内生动机是影响员工知识共享意愿的重要因素，知识工作者的内生动机与创造力之间具有显著的正相关关系。钟熙、王甜探讨了内部人身份感知与员工知识共享之间的关系，尤其是两者关系的边界条件[35]。在上述学者研究的基础上，在开放创新的生态系统下，本章建构了知识心理所有权的概念：在开放创新的生态系统中，通过促进性的心理所有权的建设，积极进行知识共享，进而以共同创造的方式提升感知价值，实现价值共创。基于此，本章提出如下的假设：

H2：知识心理所有权越大对知识创新水平有正向的影响关系；

基于角色理论，Bowen提出，企业对员工应该重新定位，以履行创新者、差异化者、推动者和协调员的角色[36]。基于社会交换理论，员工的知识共享是一种复杂的资源输出活动，其共享行为受到诸多因素的影响，单纯的经济动机并不能带来知识高效的共享，尤其是难以编码的隐性知识。与经济交换不同，社会交换是基于义务而不是契约。在组织中，知识可以被个体和组织共同拥有，个体和组织之间的博弈不一定是零和博弈。组织公平也是影响员工创新的一个重要的影响因素。组织正义不仅是确定员工创新工作行为的重要因素，也是产品和服务等创新所需的知识的重要来源。关于知识管理和组织的研究证实，组织公平提高了员工的知识共享，而知识共享提高了组织绩效，如创新能力和吸收能力。如果下属相信他们的领导者在社会交流中公平地履行他们的领导者义务，他们就会感到有义务回报。根据社会学习理论，下属与领导的互动过程中学习领导的优秀特质。组织认同显著正向影响成员的知识分享意愿、动机及数量和质量。基于此，本章定义知识组织所有权的概念为：在组织公平和组织激励的环境氛围下，开放创新主体在充满信任感、归属感的心理主导下对知识进行分享和传播。并基于此提出如下的假设：

H3：知识组织所有权对知识创新水平有正向的影响关系；

公平感知部分地介入了领导行为和帮助同事之间的关系。员工与同事的默契也可能增加双方知识的重叠，促进双方的协调，并直接改善他们在相互依赖的任务上的集体成果。郭梦瑶、张丽华以知识隐藏与同事不信任为连续中介从个体层面探究了领地性对员工创新行为的消极影响机制[37]。当无形资产特异性较低时，组织间信任与知识共享之间的正相关关系更强。在关系特征的所有维度上表现良好的企业对关系绩效表现出积极的影响。本章所研究的知识关系所有权侧重于从知识转移方和知识接收方之间的知识距离、认知距离、权利距离和信任距离研究知识转移双方关系对知识转移的效果研究。基于此，本章提出如下的假设：

H4：知识关系所有权对知识创新水平有正向的影响关系；

Mayer 等提出情绪智力的概念，认为情绪智力是通过对自我以及他人的情绪评估及表达进而对自己行为进行指引的情绪管理能力。对自我以及他人情绪能够正确感知、评估和表达，提升思维的情感能力，继而调节情绪促进情绪智力向前发展的能力[38]。

Goleman 提出了情绪智力的五因素模型：认识自我情绪、自我情绪调节、自我情绪激励、情绪移情以及人际关系管理，其中认识自我情绪是情绪智力的基础，自我情绪调节是对自身情绪的管理，自我情绪激励强调迎接挑战的能力，情绪移情强调识别、理解他人情绪的能力，人际关系管理强调对他人情绪利用及管理[39]。因此，将情绪智力应用于知识所有权的领域，本章提出了知识情绪所有权的概念，是指员工能够感知和理解他人的情绪并进而调节自己的情绪进而进行知识分享。在情绪智力五因素模型的基础上，情绪智力高的个人善于从他人角度看待问题，善于分享和合作，更能够胜任团队工作。员工将情感信息纳入认知行动的能力对于与客户在价值共同创造中有效交换资源至关重要。基于此，提出如下研究假设：

H5：知识情绪所有权对知识创新水平有正向的影响关系；

通过上述知识空间所有权、知识情绪所有权、知识关系所有权，知识心理所有权以及知识组织所有权的相关研究和概念界定，本章提出了知识所有权系统的概念模型。见图 8-1 所示：

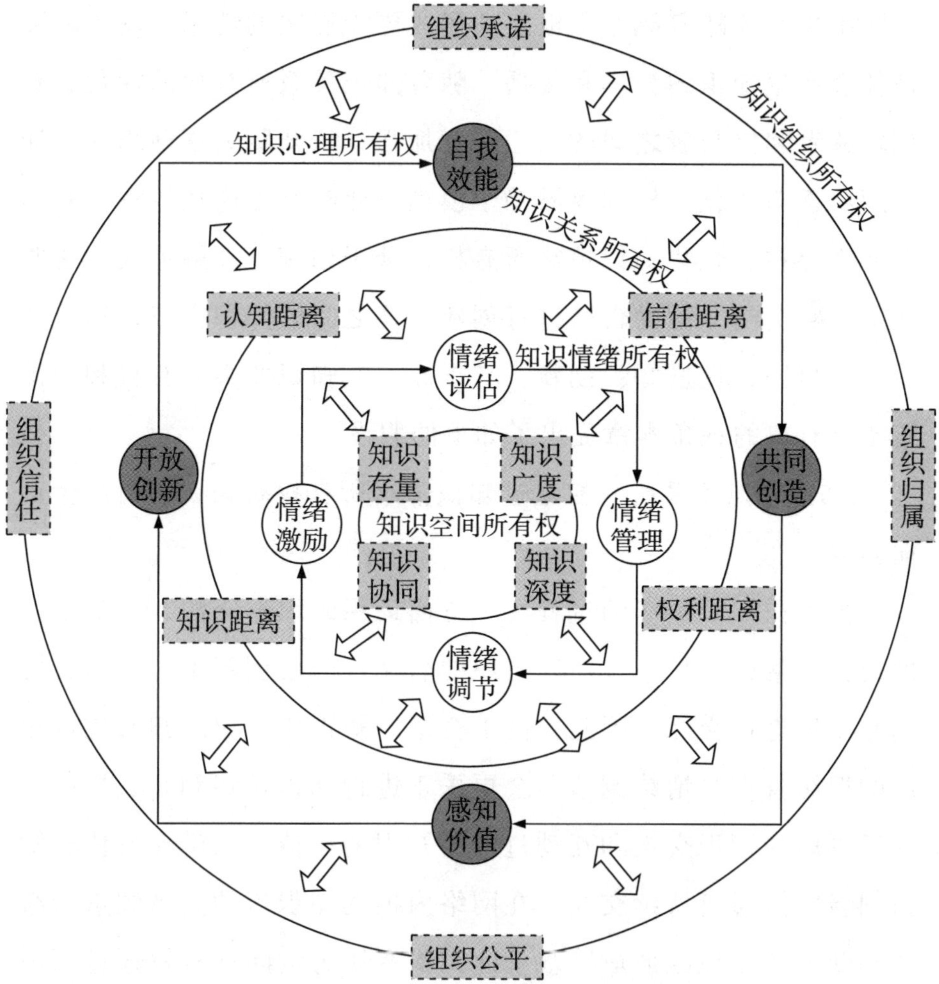

图 8-1　知识所有权系统概念模型

从图 8-1 可以看出，知识所有权系统内部相互制约，相互影响，为了进一步探究知识所有权系统内部的相互影响关系，本章梳理了以往学者们的研究：

当企业采取契约型知识治理机制时员工关系型契约心理得到

不断维护，并随着双方积极互动形成更深层次的情感，基于人际信任会产生知识的分享和传播。随着知识关系所有权的深化，知识转移者和接受者之间的信任程度加强，认知距离逐渐缩短，知识距离逐渐弱化，权利界限趋于模糊。此时，无论从主观认知还是客观存在会强化知识情绪所有权，善于识别、理解他人情绪并调节自身情绪，激励自己进行创新主体之间的知识交流，达成知识共享机制，促进知识创新。基于此，从知识关系所有权和知识情绪所有权的视角本章提出了如下的假设：

H6：知识关系所有权通过知识情绪所有权对知识创新产生正向影响；

员工在知识生产的过程，一方面运用组织的资源，接受组织的支持与帮助；另一方面以组织的名义与开放创新生态中的各类创新主体进行交互。因此，员工会基于知识所有权的归属进行相应的情绪管理与情绪调节，会更乐于进行知识转移和知识扩散。知识群体的知识交换和互动过程为知识的创造带来潜在价值；知识创新主体通过持续交互，在网络内推动知识流的共享和重新组合，助力新知识的形成。基于此，本章认为空间所有权通过知识深度和知识宽度的协同机制，产生的新知识需要在流动和交互过程中产生更大的价值。此时，创新主体会评估他人的情绪进行相应的情绪管理，进行情绪激励，促进知识在网络内的流动。因此，本章从知识空间所有权和知识情绪所有权的视角提出如下的假设：

H7：知识空间所有权通过知识情绪所有权对知识创新产生正

向影响；

下属对领导认同程度越高，学习能力越强，组织荣辱感更强，会努力做出利他的行为，奉献自己积累的知识。在知识管理中，领导者的目标是鼓励员工相互参与知识共享，并掌握共享知识以供组织使用。下属对领导者和其他同事的默契是对领导者的一种互惠形式。与同事进行默契合作有助于提高同事的绩效，并间接改善合作成果。通过组织关怀，员工会形成强烈的组织归属感和组织承诺，员工之间的相互信任，相互认知等会得到进一步的加强，会进一步提升知识的分享意愿和提高知识分享的能力。基于此，本章从知识组织所有权和知识关系所有权的视角提出如下的假设：

H8：知识组织所有权通过知识关系所有权对知识创新产生正向影响；

关于正式的交易型治理方式产生的不同影响，Jap 等认为会降低员工的信任感和合作意愿，会减弱关系治理对知识获取的促进作用，进一步阻碍企业组织的知识共享和创新[40]。也有学者研究了非正式的关系型治理产生的结果，有助于知识的获取和共享，能够缓解知识共享敌意。组织成员感知到组织承诺的履行，感知到组织的人文关怀，会进一步产生情感承诺和责任承诺。组织承诺，组织归属感越强，个体的情绪智力越高，表现为情绪感知和情绪激励，进而会进行知识共享，促进知识创新。基于此，本章从知识组织所有权和知识情绪所有权的视角提出如下的假设：

H9：知识组织所有权通过知识情绪所有权对知识创新产生正

向影响；

心理所有权能够提高个体对组织的组织承诺，并进而积极影响其诸如知识分享等的利他行为。Constant 提出促进性知识心理有权感知提高了员工的亲社会行为，进而对组织产生归属感和信任感，有利于知识的分享和传播[41]。潘伟认为知识所有权心理会使得员工基于组织利益的实现将知识共享行为内化，愿意分享知识以获得组织的发展[42]。开放创新生态下的心理所有权的建设，会提升创新主体的共同创造的意识，会增强创新主体价值共创的感知。在公平公正的组织氛围中，在组织的高度关怀下，会进一步增强知识交互进而达成共同创造的目标，实现开放创新生态下的价值共创。同时，良好的价值共创的作用机制会使主体继续拓宽知识的宽度，深化知识广度，从而达成知识创新。因此，本章从知识心理所有权、知识组织所有权、知识空间所有权和知识情绪所有权的视角提出如下的假设：

H10：知识心理所有权通过知识组织所有权对知识创新产生正向影响；

H11：知识心理所有权通过知识空间所有权对知识创新产生正向影响；

H12：知识心理所有权通过知识情绪所有权对知识创新产生正向影响；

二、知识所有权系统对知识创新的影响机制模型

在上述的假设之下，本研究构建了知识所有权对知识创新的影响机制模型。模型清晰地刻画了知识空间所有权、知识组织所有权、知识情绪所有权、知识心理所有权以及知识关系所有权，五个维度研究了对知识创新的直接影响关系和间接影响关系。具体的知识所有权对知识创新的影响机制模型如图 8-2 所示。

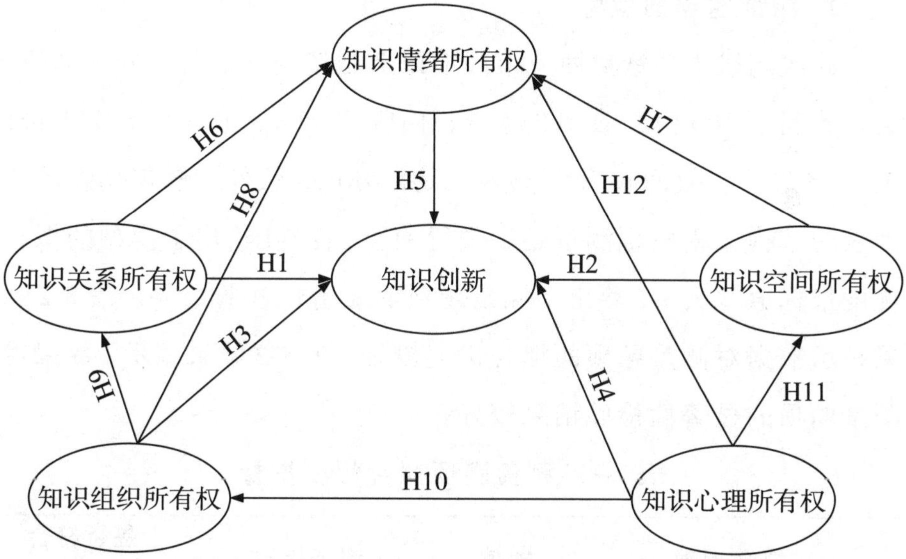

图 8-2　知识所有权系统对知识创新的影响机制模型

第三节　引擎2核心系统模型的实证分析

一、引擎2核心系统模型的实证检验

1. 测量题项的检验

此次调研主要针对西安市规模以上制造企业的员工开展调研，共发放问卷300份，收回280份，回收率93%，有效问卷255份，废卷25份，有效回收率为85%。采用AMOS软件对知识创新影响因素的结构方程模型测量题项进行检验，表8-1给出了模型的拟合优度指标值、表8-2给出了测量题项的显著性检验结果。表8-2结果显示数据对测量题项的拟合优度较好；表8-2结果显示，数据对测量题项的显著性检验结果较好。

表8-1　测量题项拟合优度指标

拟合指数	数值	判定标准	是否符合判定标准
调整卡方	3.556	>2	是
近似误差均方根RMSEA	0.052	0-0.05，非常良好 0.05-0.08，良好； 0.08-0.10，尚可接受； >0.10效果不佳	良好
标准拟合指数PNFI	0.612	>0.50	是
绝对拟合指标PCFI	0.661	>0.50	是

表 8-2　测量题项显著性检验

	Estimate	S.E.	C.R.	P
知识心理所有权	1.000			
知识心理所有权	1.045	0.206	3.044	***
知识心理所有权	1.052	0.254	5.262	***
知识心理所有权	1.054	0.251	3.440	***
知识情绪所有权	1.000			
知识情绪所有权	1.545	0.136	8.203	***
知识情绪所有权	0.552	0.045	8.458	***
知识情绪所有权	0.452	0.055	6.363	***
知识空间所有权	1.000			
知识空间所有权	1.156	0.233	9.443	***
知识空间所有权	1.365	0.157	8.576	***
知识空间所有权	1.459	0.136	9.386	***
知识组织所有权	1.000			
知识组织所有权	1.217	0.156	9.455	***
知识组织所有权	1.454	0.345	9.527	***
知识组织所有权	1.249	0.154	8.754	***
知识组织所有权	0.854	0.155	8.345	***
知识关系所有权	1.000			
知识关系所有权	1.076	0.419	9.365	***
知识关系所有权	1.456	0.454	9.720	***
知识关系所有权	0.863	0.079	8.545	***
知识关系所有权	1.345	0.154	9.412	***
知识创新	1.000			
知识创新	0.961	0.455	9.458	***
知识创新	0.923	0.154	8.456	***
知识创新	0.555	0.154	3.466	***
知识创新	0.554	0.072	6.544	***

2. 模型的实证检验

对图 8-2 所示的模型进行结构等式模型的分析，图 8-3 给出了分析结果。表 8-3 给出了拟合优度指标值。拟合优度指标显示，数据对图 8-2 所示拟合较好，可以用于路径分析。表 8-4 给出了图 8-1 中路径系数的显著性检验结果。表 8-4 显示，知识情绪所有权对知识组织所有权的影响不显著，知识空间所有权对知识组织所有权的影响不显著。

表 8-3　初始拟合优度指标

拟合指数	数值	判定标准	是否符合判定标准
调整卡方 χ^2/df	3.543	>2	是
近似误差均方根 RMSEA	0.075	0-0.05，非常良好 0.05-0.08，良好； 0.08-0.10，尚可接受； >0.10 效果不佳	尚可接受

表 8-4　路径系数的显著性检验

			Estimate	S.E.	C.R.	P
知识组织所有权	←	知识心理所有权	0.456	0.035	8.540	*
知识空间所有权	←	知识心理所有权	0.065	0.057	1.356	0.354
知识情绪所有权	←	知识组织所有权	0.954	0.058	9.358	***
知识情绪所有权	←	知识心理所有权	0.025	0.041	0.344	0.442
知识关系所有权	←	知识组织所有权	0.295	0.054		***
知识情绪所有权	←	知识关系所有权	0.235	0.057	5.094	***
知识情绪所有权	←	知识空间所有权	0.254	0.064		***

续表

			Estimate	S.E.	C.R.	P
知识创新	←	知识空间所有权	0.057	0.054		***
知识创新	←	知识情绪所有权	0.045	0.054		***
知识创新	←	知识心理所有权	0.054	0.057	2.458	***
知识创新	←	知识组织所有权	0.314	0.054	4.346	***
知识创新	←	知识关系所有权	0.243	0.064	2.544	0.016
Q1	←	知识心理所有权	1.000			
Q2	←	知识心理所有权	1.045	0.065	14.054	***
Q3	←	知识心理所有权	0.854	0.078	11.088	***
Q4	←	知识心理所有权	0.754	0.175	5.375	***
Q5	←	知识空间所有权	1.000			
Q6	←	知识空间所有权	0.845	0.085	9.075	***
Q7	←	知识空间所有权	0.877	0.087	9.359	***
Q8	←	知识空间所有权	0.770	0.077	9.277	***
Q9	←	知识创新	1.000			
Q10	←	知识创新	0.975	0.285	3.245	***
Q11	←	知识创新	1.548	0.257	6.637	***
Q12	←	知识创新	1.687	0.275	6.455	***
Q13	←	知识创新	1.755	0.257	6.357	***
Q14	←	知识组织所有权	0.865	0.153	7.559	***
Q15	←	知识组织所有权	1.057	0.175	8.075	0.025
Q16	←	知识组织所有权	1.577	0.174	9.47	***
Q17	←	知识组织所有权	1.747	0.156	8.623	***
Q18	←	知识组织所有权	1.000			
Q19	←	知识关系所有权	1.542	0.155	7.564	***

续表

			Estimate	S.E.	C.R.	P
Q20	←	知识关系所有权	0.541	0.426	8.521	***
Q21	←	知识关系所有权	0.452	0.744	9.422	***
Q22	←	知识关系所有权	1.244	0.534	8.326	***
Q23	←	知识关系所有权	1.000			
Q24	←	知识情绪所有权	0.445	0.056	6.245	***
Q25	←	知识情绪所有权	0.236	0.0335	8.451	***
Q26	←	知识情绪所有权	1.324	0.424	8.542	***
Q27	←	知识情绪所有权	1.000			

3. 修正模型的检验

删除知识心理所有权到知识空间所有权以及知识心理所有权到知识情绪所有权两条不显著的路径，具体的知识所有权系统对知识创新的影响机制模型见图 8-3 所示。继续对修正的模型进行检验，表 8-5 给出了拟合优度指标，结果显示拟合优度较好，可以用于知识创新影响因素模型的路径贡献率的分析。表 8-6 进一步给出了知识创新影响因素模型路径系数的显著性检验，检验结果西安市知识创新影响因素模型路径系数均显著地进入模型，知识创新影响因素模型路经系数可以用于分析路径的影响贡献。

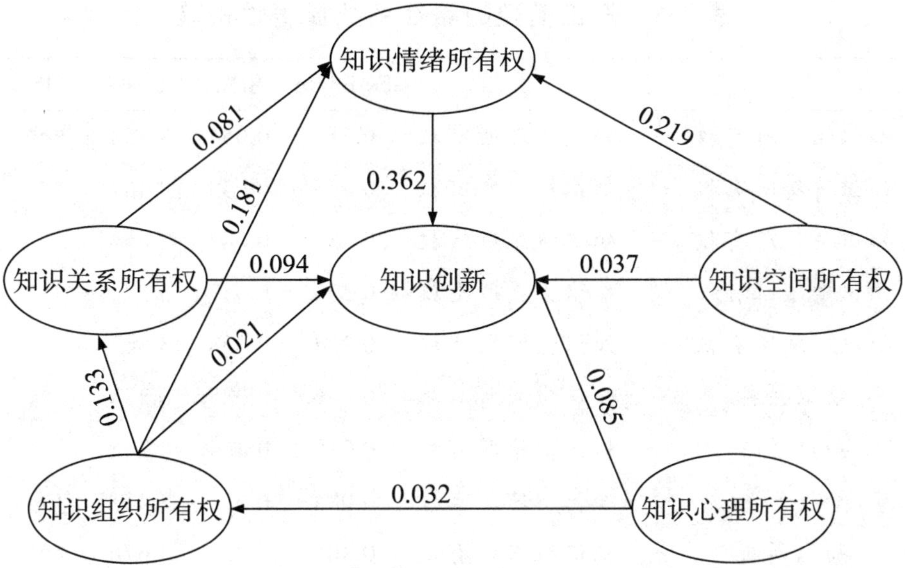

图 8-3　修正的知识所有权系统对知识创新的影响机制模型

表 8-5　修正模型拟合优度指标表

拟合指数	数值	判定标准	是否符合判定标准
调整卡方 χ^2/df	3.256	>2	是
近似误差均方根 RMSEA	0.062	0-0.05，非常良好 0.05-0.08，良好； 0.08-0.10，尚可接受； >0.10 效果不佳	尚可接受

表 8-6　修正模型的路径系数显著性检验

			Estimate	S.E.	C.R.	P
知识组织所有权	←	知识心理所有权	0.518	0.054	8.354	***
知识情绪所有权	←	知识组织所有权	0.875	0.038	8.467	***
知识关系所有权	←	知识组织所有权	0.237	0.087	2.654	
知识情绪所有权	←	知识关系所有权	0.325	0.059	5.573	***
知识情绪所有权	←	知识空间所有权	0.224	0.058	3.562	
知识创新	←	知识空间所有权	0.046	0.085	6.253	
知识创新	←	知识情绪所有权	0.018	0.864	7.245	
知识创新	←	知识心理所有权	0.084	0.033	2.462	.011
知识创新	←	知识组织所有权	0.307	0.058	4.676	***
知识创新	←	知识关系所有权	0.217	0.078	2.485	.011
Q1	←	知识心理所有权	1.000			
Q2	←	知识心理所有权	1.026	0.085	9.636	***
Q3	←	知识心理所有权	0.798	0.079	10.364	***
Q4	←	知识心理所有权	0.682	0.245	6.230	***
Q5	←	知识空间所有权	1.000			
Q6	←	知识空间所有权	0.856	0.087	9.112	***
Q7	←	知识空间所有权	0.865	0.085	9.435	***
Q8	←	知识空间所有权	0.786	0.086	9.578	***
Q9	←	知识创新	1.000			
Q10	←	知识创新	0.965	0.298	3.356	***
Q11	←	知识创新	1.654	0.265	6.356	***
Q12	←	知识创新	1.546	0.354	6.547	***
Q13	←	知识创新	1.546	0.235	6.358	***

续表

			Estimate	S.E.	C.R.	P
Q14	←	知识组织所有权	0.835	0.356	7.546	***
Q15	←	知识组织所有权	1.543	0.234	8.244	***
Q16	←	知识组织所有权	1.202	0.142	9.410	***
Q17	←	知识组织所有权	1.442	0.1256	10.147	***
Q18	←	知识组织所有权	1.000			
Q19	←	知识关系所有权	1.244	0.157	7.458	***
Q20	←	知识关系所有权	0.785	0.054	8.456	***
Q21	←	知识关系所有权	0.945	0.065	9.941	***
Q22	←	知识关系所有权	1.045	0.054	11.754	***
Q23	←	知识关系所有权	1.000			
Q24	←	知识情绪所有权	0.402	0.056	6.152	***
Q25	←	知识情绪所有权	0.601	0.075	8.465	***
Q26	←	知识情绪所有权	1.345	0.145	8.544	
Q27	←	知识情绪所有权	1.000			

二、引擎 2 核心系统路径讨论分析

在修正的知识所有权系统对知识创新的影响机制模型的路径系数显著性检验的基础上，为了分析知识所有权系统的内部影响路径及大小关系，本章进一步分析了修正模型路径系数，表 8-7 给出了各个路径的标准化影响系数。

表 8-7　修正模型路径系数影响表

	影响路径	路径值	贡献率
直接影响	知识心理所有权 → 知识创新	0.085	5.27%
	知识关系所有权 → 知识创新	0.094	8.07%
	知识空间所有权 → 知识创新	0.037	2.29%
	知识组织所有权 → 知识创新	0.261	16.17%
	知识情绪所有权 → 知识创新	0.362	22.43%
间接影响	知识关系所有权 → 知识情绪所有权 → 知识创新	0.081	
	知识关系所有权 → 知识创新 合计	0.081	5.02%
	知识空间所有权 → 知识情绪所有权 → 知识创新	0.219	
	知识空间所有权 → 知识创新 合计	0.219	13.57%
	知识组织所有权 → 知识情绪所有权 → 知识创新	0.181	11.21%
	知识组织所有权 → 知识关系所有权 → 知识创新	0.133	8.24%
	知识组织所有权 → 知识创新 合计	0.314	19.45%
	知识心理所有权 → 知识组织所有权 → 知识关系所有权 → 知识创新	0.051	3.15%

续表

	影响路径				路径值	贡献率
间接影响	知识心理所有权	→ 知识组织所有权	→ 知识创新		0.032	1.98%
	知识心理所有权	→ 知识组织理所有权	→ 知识情绪所有权	→ 知识创新	0.078	4.83%
	知识心理所有权	→ 知识创新	合计		0.161	9.96%
总影响	知识空间所有权	→ 知识创新			0.256	16.22%
	知识关系所有权	→ 知识创新			0.175	11.09%
	知识心理所有权	→ 知识创新			0.246	15.59%
	知识组织所有权	→ 知识创新			0.575	36.44%
	知识情绪所有权	→ 知识创新			0.362	20.66%

三、发挥引擎2核心系统功能的相关建议

通过知识所有权系统对知识创新的影响机制模型的路径及其相应的系数，可以看出知识所有权系统的集合性、相关性、目的性、层次性、动态性的特征。知识所有权系统的整体目标致力于提升企业的知识创新水平，是由相互区别的要素（知识空间所有权、知识情绪所有权、知识关系所有权、知识心理所有权和知识

组织所有权）组成的。通过本章的分析，验证了知识所有权系统内部要素的相互作用以及相互传导关系，呈现出了系统相关性和层次性的特征。当然，知识所有权系统的相互作用机制是随着周围环境的变迁而发生动态变化的。

基于知识所有权系统的五大特征，企业首先应该定位知识创新的目标，使得知识所有权系统与知识创新的目标相吻合。其次，基于集合性的特征，企业应该构建完善的知识所有权系统，分别从知识空间所有权、知识情绪所有权、知识关系所有权、知识心理所有权和知识组织所有权构建五维的系统结构。再次，基于相关性的特征，企业应该厘清知识所有权系统内部的结构关系，从知识空间所有权、知识情绪所有权、知识关系所有权、知识心理所有权和知识组织所有权到知识创新的直接关系的搭建以及知识关系所有权通过知识情绪所有权、知识空间所有权通过知识情绪所有权、知识组织所有权通过知识情绪所有权和知识关系所有权、知识心理所有权通过知识组织所有权的间接关系的建构。接着，从层次性的视角分析，通过知识所有权系统对知识创新的影响机制模型的路径系数表明，知识组织所有权和知识情绪所有权处于相对较为重要的层级水平，知识空间所有权、知识关系所有权和知识心理所有权处于同等重要的层级水平，企业在做相关的政策建设时应该注意相应的权重关系。最后，基于动态性的视角，企业应根据外围环境的变化适时去调整知识所有权系统的内部结构，实现系统活动和系统过程的双重动态均衡。

第四节　引擎2核心系统框架

本章尝试界定了知识所有权系统的概念，初步构建了开放创新生态下的知识所有权系统的理论分析框架。进一步完善了开放创新生态下的知识所有权的相关研究，研究将打开知识所有权系统的内部结构，构建知识所有权内部结构的作用机制模型，通过案例分析和实证分析研究验证开放创新生态下的企业知识所有权系统的内部结构作用机制，使得企业知识所有权系统作用机制更好地指导企业实践。进一步探索在开放创新生态下的知识创新主体到知识创新的知识路径关系和知识所有权系统的关联关系，打开开放创新生态下的知识创新黑箱。勾勒出开放创新生态下的知识所有权系统的内部结构要素与知识管理过程中的子环节之间的作用关系。从知识生成、知识隐藏、知识转移、知识控制、知识共享到知识应用的环节分别去关联知识所有权系统中的各个要素。从知识所有权系统的内部结构及其相关的作用机制逐一去干预知识从生成到最终应用的知识管理全过程，打开开放创新生态下的知识创新主体作用于知识创新的黑箱，形成完善的知识所有权系统对知识管理全过程的作用机制，促进新知识生成，减少知识隐藏和知识控制，有效进行知识转移，推进知识共享，有效进行知识深度应用，最终提升企业的知识创新水平。核心系统框架见图 8-4 所示：

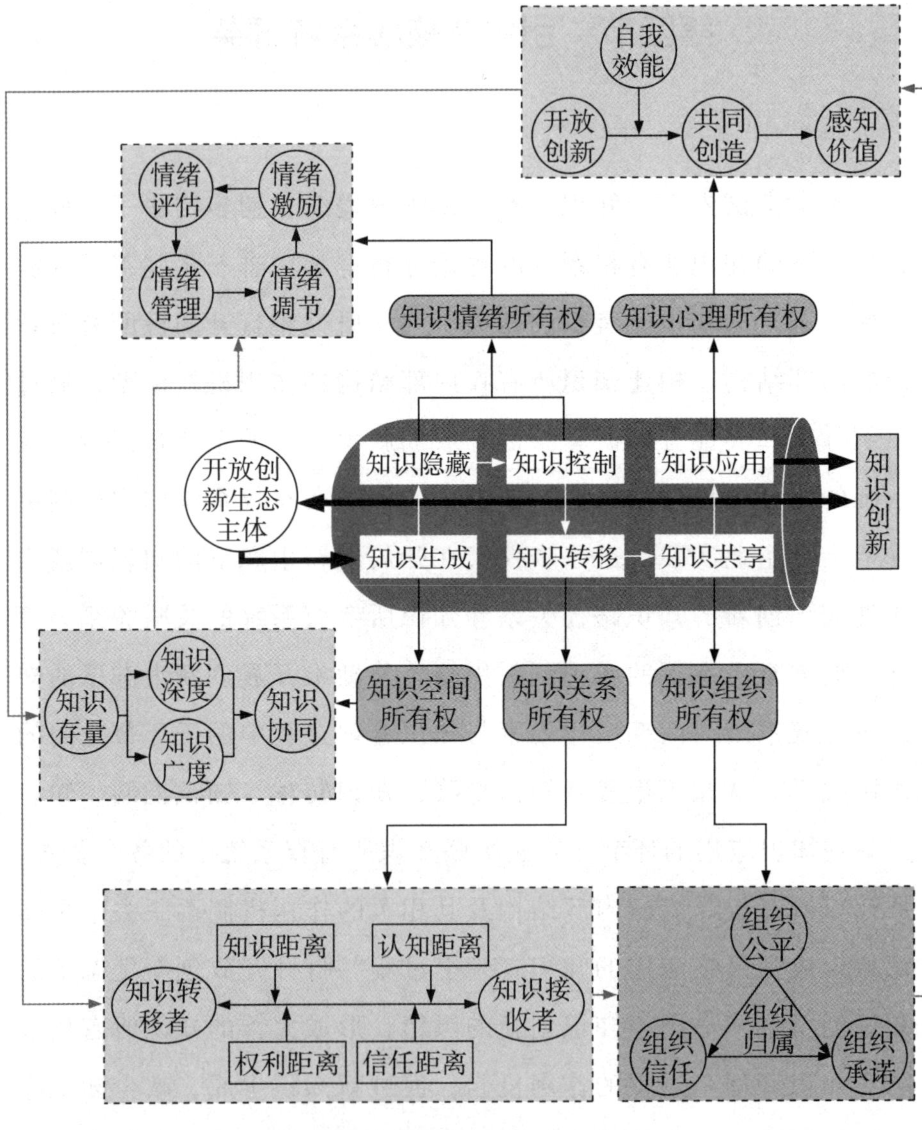

图 8-4 引擎 2 核心系统框架

第五节　本章小结

数字经济赋予了开放创新的生态系统，创新的边界逐渐模糊，知识的存量和流量随着数字经济的变迁发生改变。本章为了与外围环境相匹配，为了提升企业的知识创新水平，从知识空间所有权、知识情绪所有权、知识关系所有权、知识心理所有权和知识组织所有权的五维视角提出了知识所有权系统模型，体现出了知识所有权系统的目的性和集成性的特征。为了进一步探究开放创新主体到知识创新的黑箱，本章构建了知识所有权系统对知识创新的作用模型，并基于结构方程模型进行实证检验，研究结果表明：

知识空间所有权、知识情绪所有权、知识关系所有权、知识心理所有权和知识组织所有权对知识创新都有直接正向的影响关系。间接的关系体现为知识关系所有权通过知识情绪所有权、知识空间所有权通过知识情绪所有权、知识组织所有权通过知识关系所有权、知识组织所有权通过知识情绪所有权以及知识心理所有权通过知识组织所有权都对知识创新产生影响。而知识心理所有权通过知识空间所有权和知识情绪所有权的影响路径被排除。直接关系表明了知识所有权系统的相关性，而间接关系表明了系统的层次性。基于知识所有权系统所呈现出的目的性、相关性、层次性、集成性和动态性五维特征的视角给出了相应的管理启示。最后，本章从打开知识所有权系统的内部子结构，勾勒知识所有权系统的内部结构要素与知识管理过程中的子环节之间的作用关系等方面提出了未来的研究。打开开放创新生态下的知识创新主体作用于知识创新的黑箱，形成完善的知识所有权系统对知识管理全过程的作用机制，有效提升企业的知识创新水平。

第九章

消费者参与企业知识创新隧道的建设

数字经济下高度的互联互通使得企业的创新边界逐渐模糊，处于完全开放创新生态中的企业对外部知识的依赖性逐渐增强。消费者作为企业价值共创的重要主体，其自身的知识是企业外部知识获取的重要渠道。基于此，本章从消费者的企业价值活动的参与行为和知识创新行为提出了消费者参与企业知识创新的两阶段模型。研究发现：消费者的创新感知和消费者的人本感知有利于消费者参与企业的价值活动，消费者的创新感知和消费者的人本感知通过消费者心理所有权的建设加强了消费者参与企业的价值活动，用户关怀正向调节了消费者的创新感知（消费者的人本感知）与消费者心理所有权的关系。消费者参与行为、消费者的公民行为、消费者与企业的共同创造都与企业的知识创新是正相关关系，知识转移在消费者参与行为、消费者的公民行为、消费者与企业的共同创造和企业知识创新之间起着中介作用。通过两阶段孵化模型的构建，本章清晰地绘制了消费者参与企业知识创新的孵化路径，为企业更好地在无边界的开放创新生态中实现知识创新提供了机制。

第一节　消费者参与创新隧道建设的必要性

在经济全球化、产业一体化和技术快速变革的背景下，新技术的复杂程度以及迭代速度越来越高，知识模块化日益凸显，企业的生存环境变得尤为复杂，企业面临的不确定性增强。企业的重点已从单个产品和服务转移到复杂的价值主张中，外部创新变得尤为重要，企业在创新过程中对外部知识的依赖性增强。因此，知识的获取、转移、共享和管理已成为现代企业实现技术创新和获得竞争优势的必要条件。在创新驱动发展的时代背景下，随着时代跃迁和国际复杂环境的变化，知识创新生态系统作为探究创新主体之间、创新主体和创新环境之间相互作用问题的复杂系统应运而生。对制造企业而言，高度的互联互通使得独享、个体和垂直的三大权利正在向包容、社会和水平的状态转变，企业的创新边界逐渐模糊，企业处于一个完全开放的创新生态中。知识创新生态系统的目的是在参与者之间共同创造价值、相互作用和交换价值。尤其工业4.0提出构建复杂的相互关联的数字技术、信息系统和处理技术系统，需要高度相互依赖的能力和技术互补性。技术平台支持信息共享，从“集体情报”或“群体智慧”中创造生态系统价值。

消费者作为企业知识创新生态的重要组成部分，随着信息技术、生产技术的发展和后现代主义消费意识的显著形成，越来越多的消费者持续不断地表现出与企业共同创造新的个性化产品或服务的能力。不精准的消费市场定位会使企业面临瓶颈甚至出现商业危机。Frow et al.（2015）提出了不同的共同创造形式，包括共同构思、共同设计、共同制作、共同推广、共同体验等[43]。顾客参与创新作为企业实现从封闭式创新向开放式创新转轨的重要方式，为企业提供了大量的创新知识，同时加快了企业的研发速度。基于此，现代企业越来越重视消费者诉求，它们主动邀请消费者参与到企业知识创新的过程中来，通过与消费者进行价值共创，收集用户信息，深入了解其消费需要，从而更好地满足消费者需要，促进企业长远发展和建立可持续的管理策略。当企业与消费者通过协作和资源的自愿贡献产生互利的结果时，则该价值共创是成功的。

综上所述，如何处理好企业与消费者之间的关系，如何让消费者参与企业知识创新中来，使企业获得持续稳定的发展，成为了当下各个行业都应该思考的问题。而纵观前人的研究，大多研究成果都在论证消费者参与对企业创新的影响，而对于该合作创新机制的内部运作机制相对缺乏，因此本章则是基于价值共创的消费者参与企业知识创新的机制展开研究。

第二节　消费者参与企业知识创新隧道建设的两阶段模型构建

一、基本概念

1. 消费者参与

消费者参与指消费者在产品或服务提供过程中投入物质或者精神的程度，是消费者在与企业信息交流或者互动过程中其各种行为的总和，包括间接参与和直接参与，如信息传递、体力投入或者情绪投入等。参与是一个多方面的概念，包括情感、认知和行为的各个方面。消费者参与为企业带来了推荐价值、知识价值、消费者终身价值等。不同的消费者的参与方式和程度也是不同的，有些企业核心用户对企业知识创新至关重要，他们甚至直接影响了企业产品或服务的具体内容和宣传方向。

2. 价值共创

价值共创是价值创造主体通过服务交换和资源整合而共同创造价值的动态过程，价值共创突破了传统企业创造价值的观点，成为营销学界研究的重要主题。价值共创将传统的价值创造观重新定义和改造了，使越来越多的人把关注的重点放在消费和消费者身上，从这一方向入手分析价值的产生；另一方面促使了新的管理和营销理论的产生，指导企业的管理和营销实践活动，迫使企业更多地从外部要素，特别是消费者角度考虑自身的战略选择，以提升核心竞争力。企业必须意识到：消费者作为生产消费链中不可或缺的一环起日渐重要的作用，他们正从价值享受者向创造者转变，影响力逐渐增强，这就要求企业必须辅助消费者实现他们对自我创造价值的追求，满足他们更高层次的需求，从而使得企业自身汲取能量，得到发展。

价值共创指的是消费者和企业通过提供所需的客户服务体验的方式产生的服务价值。顾客价值共创活动是指顾客在价值创造上的实际参与过程，主要包括顾客参与和公民行为。参与行为是指消费者加入到企业产品生产和提供服务的活动中，这是价值共创需要的基本客户角色行为。顾客公民行为指的是客户自愿和额外的角色行为，这一行为与顾客关于改进服务、帮助其他顾客以及传播积极口碑有关。共同创造是一种价值创造过程，通过服务公司和顾客之间的知识交流，创造出令人满意的服务经验。价值创造指的是消费者创造使用价值，价值共创涉及两个基本要素：共同生产和使用价值。在价值共同创造时，消费者可能展现出特定的行为，分为消费者公民行为与消费者参与行为。顾客共同创造可以提高客户的感知价值、满意度和忠诚度以及员工的满意度和工作绩效。总而言之，顾客价值共同创造既对顾客又对行业都具有十分积极的意义。基于以上观点，本研究认为，价值共创可以认为是企业通过互联网、大数据等信息技术手段搭建虚拟社区让目标消费者参与进来，让他们对企业的产品和服务发表看法，和企业进行互动交流，从而提高企业产品和服务的客户满意度和忠诚度，通过这一行为，企业和顾客都会受益。

3. 消费者的共同创造

创造一般包括三个要素：原创性、有用性以及审美性。共创是指消费者和企业共同创造价值，即让消费者清楚问题，解决问题，共同创造消费者的体验，从而使消费者的需求得以满足。以下几个方面是消费者共同创造的理论背景：第一是消费者的角色发生变化。随着信息技术的发展和普及，社交平台的丰富化，消费者获取信息越来越便捷，也越来越通过各种虚拟社区和企业进行积极的对话，不再是企业产品的被动接受者。其次，营销主导逻辑已经从 G-D 逻辑即产品主导逻辑转变为 S-D 逻辑即服务主导逻辑。在 S-D 主导逻辑下，价值共创是一个核心原则和基本前提，且企业的一切市场营销活动都始终是以顾客为中心的。第三是价值的创造过程的改变，现在学者们普遍认为价值存在于消费者在特定时空条件下共同创造的体验之中。在此背景下，企业不能不关注消费者而独立自主地采取行动，必须将消费者作为自己产品和服务的合作制造者。

消费者参与价值共同创造需要的技能有知识、人格和动机三个方面。高科技行业可以作为知识方面的一个典型的例子，在高科技行业，由于消费者缺乏专业技术知识而无法参与企业产品创新的情况时有发生。博学多闻或最具创新意识的消费者或许不会被供应商选择为共同创造消费者，因为普通消费者的需求可能与他们的需求并不太符合。关于动机方面，根据动机的来源，可将动机分为内部动机和外部动机，创造性的基本原则在于内部动机原则，但若外部动机能够增强个体内在的快乐感，使个体感觉到支持、自主和胜任的感觉，那么某些外在束缚和激励也会提升创造力，从而产生内外动机的协同作用，通过动机可以预测消费者参与共创行为以及参与的持续性、对任务绩效的影响，如果企业了解和满足消费者的动机，那就可以有效地培养和维持消费者的参与行为。最后是人格方面，一些学者探索了虚拟社区消费者的创新举动，他们发现，外倾和开放对于品牌热情、创造性和社区认同感都有重大影响，风险偏好对线上消费者的创新举动有重要影响。

二、模型构建

创新特征是影响客户共同创造价值意愿的关键因素，企业坚持创新的品质促进了知识和能力的创造和共享，企业的创新做法增强了消费者对企业的宣传。当客户认为创新的服务和产品能够满足他们的需求和兴趣时,这些服务和产品的价值就会得到提高。客户愿意向企业提供建设性的反馈，容忍产品和服务的错误。参与者通过联合活动、互动协作和资源整合来创造价值。感知的商业模式创新激发了客户的积极性和动机，导致了客户价值的共同创造行为。Fornell 等称，当客户认为产品或服务具有高度创新性时，他们往往更愿意使用该产品或服务。当客户发现一种新产品或新服务是独一无二的，优于其他现有产品时，他们更愿意收集产品相关信息，参与营销活动，并与服务人员进行互动[44]。因此，消费者对企业创新能力的感知促进了消费者对服务生产和交付过程的参与。提出如下的假设：

H1-1：消费者的创新感知对消费者参与行为有正向影响；

H1-2：消费者的创新感知对消费者公民行为有正向影响。

消费者一般会积极响应企业社会责任行为，消费者主动性人格或效能感水平较高时，消费者的购买意愿对企业社会责任与购买行为之间关系的中介作用更强。社会信任对企业社会责任产生显著的正向影响，外部正式制度（市场化环境）在社会信任与企业社会责任之间产生正向调节作用，企业社会责任在社会信任与企业创新之间产生部分中介作用。企业社会责任行为正向影响顾客公民行为。企业慈善责任行为主要通过顾客感恩的中介对顾客公民行为形成正向影响，企业道德责任行为则通过顾客企业认同的中介对顾客公民行为形成正向影响。企业应积极承担社会责任，以此来提高自身的核心竞争力，企业也要加强与消费者的沟通，让消费者详细地了解企业社会责任的履行情况，以提高消费者认同感。因此，本章提出以下假设：

H2-1：消费者的人本感知对消费者公民行为有正向影响；

H2-2：消费者的人本感知对消费者参与行为有正向影响。

心理所有权理论指出，所有权感会激发个人的责任意识和主人翁感，进而影响个人的态度和行为。禀赋效应理论指出，一个人评估一件物品的主观价值取决于是否拥有该对象。当一件商品成为某个人禀赋的一部分时，其价值会增加，有归属的商品比没有归属的商品更加有价值。拥有心理所有权的顾客会积极地与企业互动，他们不仅购买更多，而且产生一种把自己的体验告诉他人的愿望，说服他人去购买，也更倾向于为企业新产品或服务的开发提供建设性的意见。同样地，也有学者提出对特定目标物的心理所有权可能会促使个体出现展示、谈论、享受产品等活动。这是因为，个人可能会把成就感归因于成功创建它的过程，从而导致其对结果的心理所有权的增加，而这不仅会对顾客产品需求，而且会对其他变量产生积极影响，比如口碑推荐、顾客对产品的享受、以及他们“照顾”产品的意愿，如果有必要，他们也会在公众场合为产品辩护。

基于上述的研究基础，本研究提出如下假设：

H3-1：消费者心理所有权在消费者创新感知与消费者参与行为起中介作用；

H3-2：消费者心理所有权在消费者创新感知与消费者公民行为起中介作用。

H4-1：消费者心理所有权在消费者人本感知与消费者参与行为起中介作用；

H4-2：消费者心理所有权在消费者人本感知与消费者公民行为起中介作用。

基于社会资本理论，社会资本可以加强客户和企业之间的信息共享，这反过来又积极影响价值创造。据社会交换理论，个人对关系的贡献和参与是由衍生的有形或无形成本和利益决定的。

客户参与可以增加客户之间的感知利益和价值。肖阳和谢莉莉研究发现，用户关怀集中于对有价值客户的认识、保持和发展上，企业在实施用户关怀时应不断地为有价值客户特别是高价值客户提供优厚的价值服务，通过用户关怀干预，提高客户的忠诚度[45]。企业客户关怀充分考虑客户对客户关怀的价值构成偏好，以多元化价值感知使客户成为企业的拥护者和支持者，对企业产生更多认同感和依附感，从而促进消费者心理所有权的建设。服务企业与客户之间的社会互动关系有助于知识共享、资源生产、信息交流、产品和服务的共同生产，并为企业和客户提供价值。迟铭、毕新华等从企业视角切入，引入关系质量作为中介变量，构建虚拟品牌社区治理机制、关系质量与顾客参与对价值共创行为的关系整合模型[46]。

因此，本研究提出以下假设：

H5-1：用户关怀在消费者的创新感知与消费者心理所有权有正向调节作用；

H5-2：用户关怀在消费者的人本感知与消费者心理所有权有正向调节作用。

Bonner 认为消费者参与行为是价值共同创造所需的基本客户角色行为，是指消费者加入到企业产品的生产和提供服务的过程中[47]。在当今开放式创新时代，企业通过互联网技术搭建虚拟平台与消费者进行各种在线互动从而实现知识互补，提高企业创新绩效。企业新产品开发成功的一个重要促进因素就是消费者的加入，消费者加入到产品开发过程中可以缩短新产品开发的时间。

企业通过与消费者的互动可以获得新产品开发所需的大量有效信息，这些信息对企业来说是十分宝贵的，它可以助力企业开发出符合消费者需求的产品，促进企业创新绩效的提高。消费者在新产品开发的不同阶段的参与，能够提高企业的创新绩效。除此以外，很多相关研究也表明，消费者由于利益或心理原因参与到企业的创新活动中，这有利于提升企业创新产品的数量或质量，增强消费者参与的频率对企业创新活动会更加有益。因此提出以下假设：

H6：消费者参与行为与企业知识创新是正相关关系，即消费者参与行为会促进知识创新。

消费者公民行为由 Gruen 提出，他认为这是消费者自愿做出的对企业有益的行为即使这一行为并不是消费者角色所必须承担的[48]。顾客公民行为指的是客户自愿和额外的角色行为，与顾客关于改进服务、帮助其他顾客以及传播积极口碑有关。不同的研究由于研究语境的不同，对消费者公民行为的维度划分也不同。Bettencourt 将消费者公民行为划分为忠诚、参与、合作三个维度[49]；Groth 在互联网背景下的研究中依据他设计的公民行为的测量量表将消费者公民行为分为推荐、反馈、助人这三个维度[50]；消费者从外部获取信息进行购买行为后，越来越多的消费者通过各种方式表达自己的感受，来自他人的推荐、帮助、反馈等行为都会影响他们的购买意愿。基于上述研究，本章认为消费者公民行为能够通过推荐、口碑促进消费者参与行为，为企业提供有价值的信息，因此本研究提出以下假设：

H7：消费者公民行为与企业知识创新是正相关关系，即消费者公民行为会促进知识创新。

顾客共同生产从价值创造的视角出发被认为是消费者与企业共同创造价值的过程。消费者和企业的共同共创是指企业吸引消费者参与到企业新产品或服务开发过程中，激励其向企业转移自身知识，与消费者共同创造价值，从而更有针对性地满足消费者的需求。企业和消费者交流经验和新的想法，共同进行创新的行为。从企业角度出发，价值共创能帮助其培植核心竞争力，维持竞争优势和创新能力。消费者参与价值共创能够提升企业市场绩效和研发绩效。消费者参与价值共创对企业新服务开发以及创新绩效的提升有着积极的作用，换句话说，消费者参与价值共创有利于促进企业创新速度和创新质量的提升。李清政、徐朝霞从不同的理论视角出发讨论顾客共同生产与企业服务创新绩效的关系，得出顾客共同生产对企业的服务创新绩效的提升具有正向作用[51]。因此本研究提出以下假设：

H8：消费者共同创造与企业知识创新是正相关关系，即消费者共同创造会促进企业的知识创新。

消费者的知识转移能力指的是消费者可以估计企业的需求和能力，清楚地阐释自己的知识和经验，并且将其顺利地转移给企业的本领。消费者在参与企业创新活动过程中，会不自觉地将自身已有的对企业产品或服务的使用经验、自己对企业产品或服务的期望、自己的喜好、兴趣等知识同企业分享，从而发生知识转移活动。王永贵和高忠义等从内部动机和外部动机两方面探索了消费者参与企业合作创新的动机，对企业虚拟社区的归属感，本质动机等属于内部动机，希望得到他人的认可和帮助，自我营销等属于外在动机[52]。消费者的知识转移意愿在企业消费者合作创新的过程中具有十分重要的意义，是知识转移过程顺利进行以及双方合作共赢的前提。消费者知识转移的意愿影响着知识转移的质量与效果，它不仅关系到消费者是否能够提供有价值的知识和经验，也关系到企业对所传递的知识经验的吸收和内化。为了刺激消费者产生知识转移的动机，企业应当积极与消费者互动，明晰消费者的需求，改善其服务质量并且营造良好的互动环境。知识转移过程中，知识所有者的语言表达能力、沟通能力和转移经验都会影响知识传递。当知识所有者的语言表达能力愈强，转让知识的经验愈丰富时，知识的传递就会愈容易。因此本研究提出以下假设：

H9-1：消费者的知识转移在消费者参与行为与知识创新的关系中起中介作用。

H9-2：消费者的知识转移在消费者公民行为与知识创新的关系中起中介作用。

H9-3：消费者的知识转移在消费者共同创造与知识创新的关系中起中介作用。基于上述的研究假设，提出本章的研究模型，见图 9-1 所示：

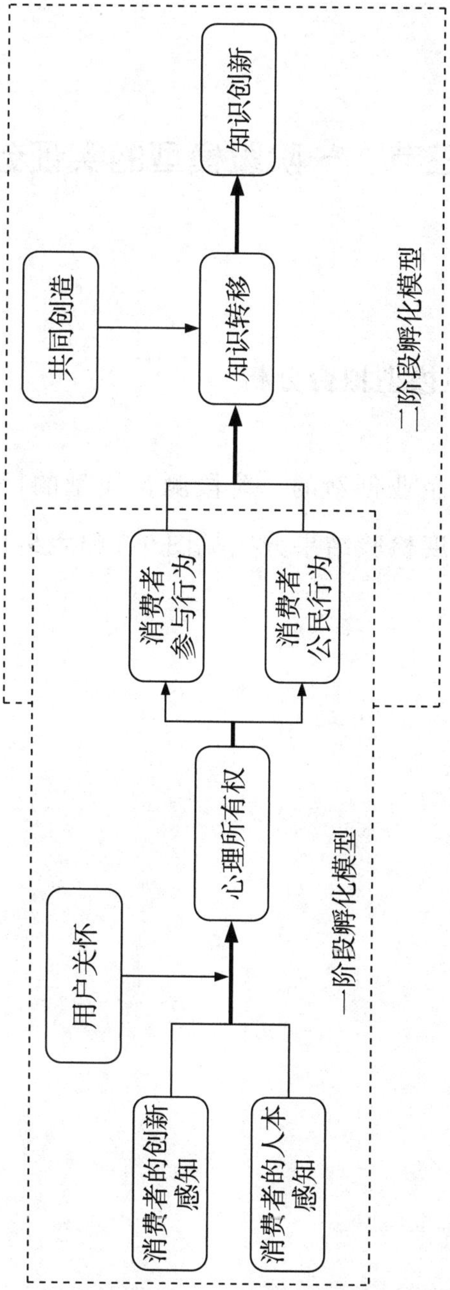

图 9-1　消费者参与企业知识创新的孵化路径研究

第三节　一阶段模型的实证分析

一、一阶段测量模型拟合分析

消费者参与企业创新的一阶段测量模型的标准化参数估计和测量模型拟合优度检验结果分别见图 9-2 和表 9-1 所示。

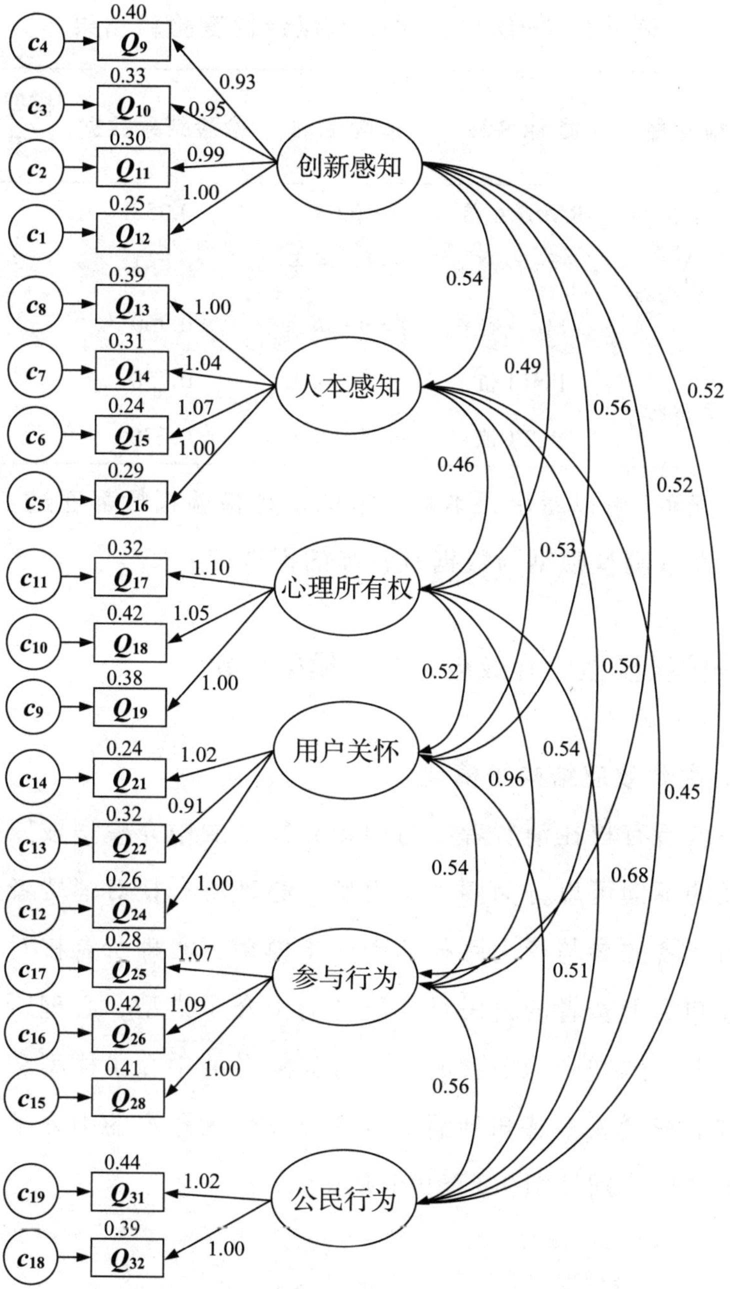

图 9-2　一阶段测量模型标准化参数估计值

表 9-1　一阶段测量模型拟合优度检验结果

统计检验量	指标名称	适配标准	检验结果数据	模型检验结果判断
绝对拟合指标	RMSEA 值	<0.08	0.058	是
增值拟合指标	TLI 值	>0.90 以上	0.961	是
	IFI 值	>0.90 以上	0.969	是
简约度指标	PNFI 值	>0.50 以上	0.750	是
	PCFI 值	>0.50 以上	0.776	是

由表 9-1 可以看出，本章选取的统计检验指标都通过了检验，即表明本章测量模型与数据有较高的拟合度。

二、一阶段模型中介效应结构子模型构建

1. 中介效应结构子模型

心理所有权在消费者参与创新路径上的中介模型按照中介作用路径的不同可以分为四个子模型：心理所有权对消费者创新感知到消费者的参与行为路径的中介子模型、心理所有权对消费者创新感知到消费者的公民行为路径的中介子模型、心理所有权对消费者人本感知到消费者的参与行为路径的中介子模型和心理所有权对消费者人本感知到消费者的公民行为路径的中介子模型。四个子模型分别见图 9-3 至 9-6 所示：

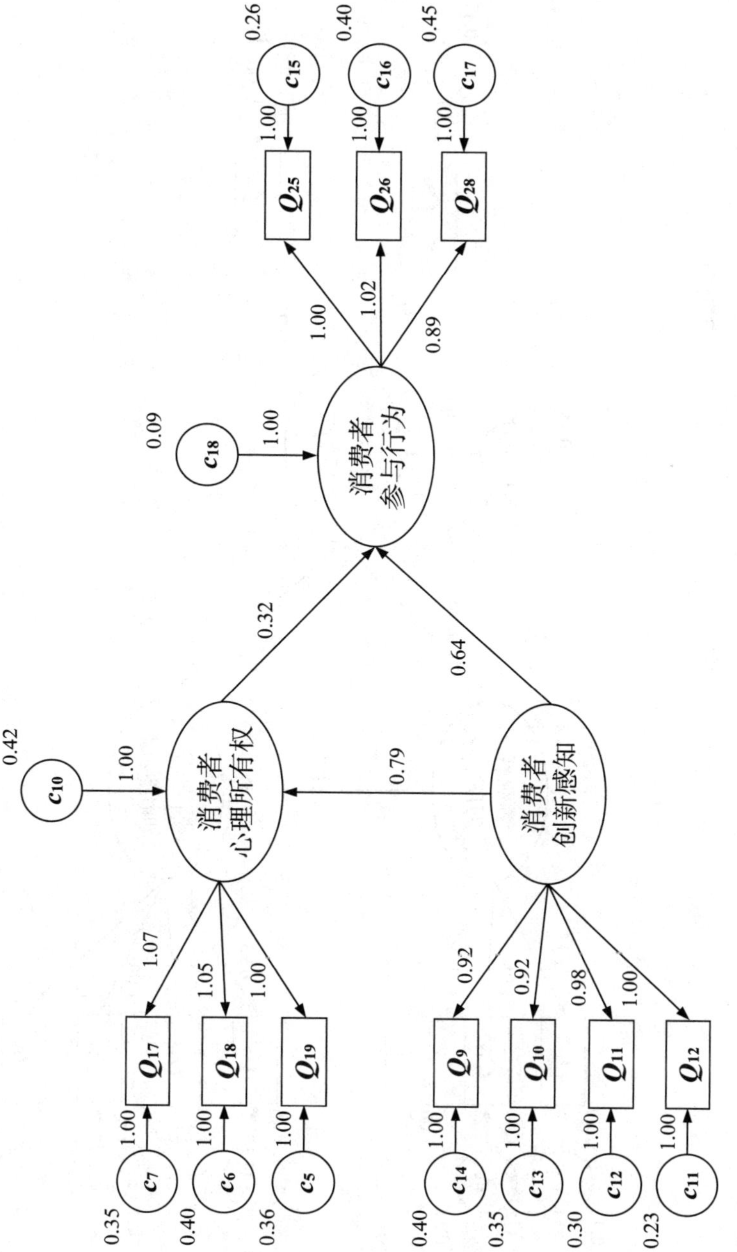

图 9-3　消费者参与企业知识创新的中介效应结构子模型 1

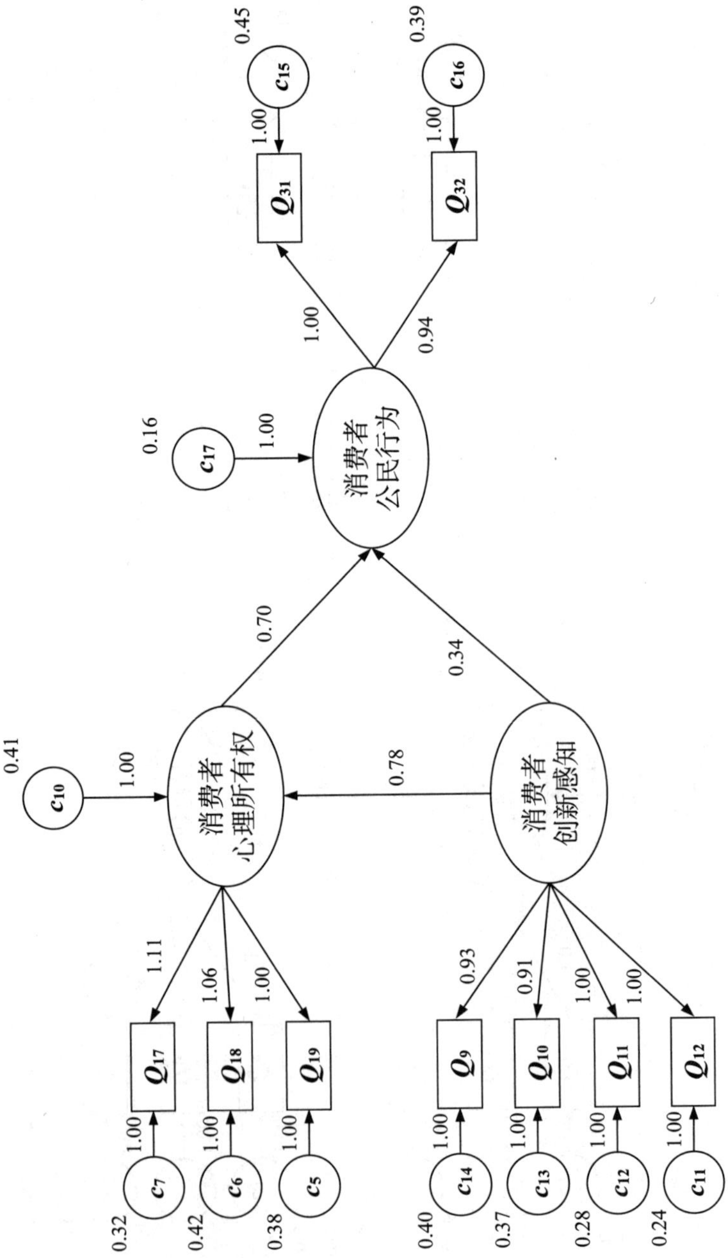

图 9-4　消费者参与企业知识创新的中介效应结构子模型 2

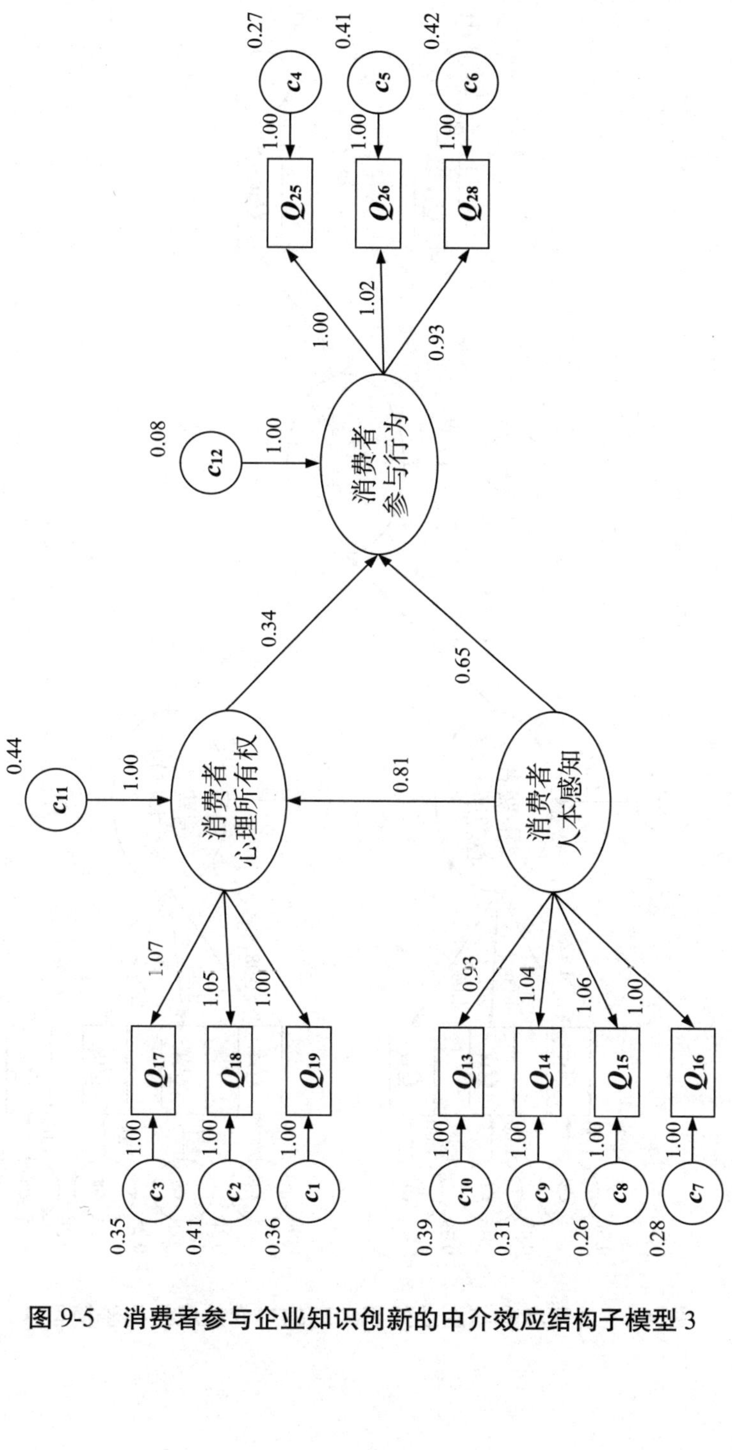

图 9-5　消费者参与企业知识创新的中介效应结构子模型 3

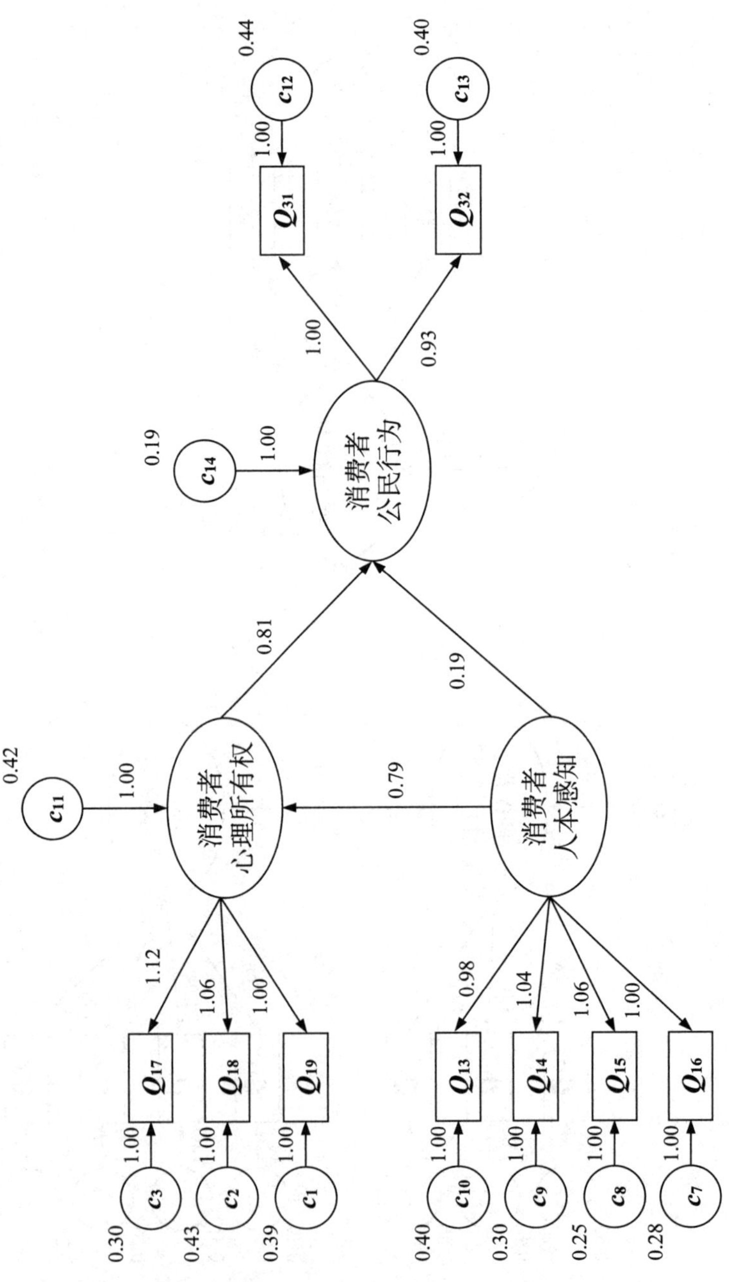

图 9-6　消费者参与企业知识创新的中介效应结构子模型 4

2. 中介效应结构子模型的拟合优度检验

在本结构模型的研究过程中，选择合适的拟合指标对模型的拟合优度进行分析，来判断模型的整体效果。对中介模型进行拟合优度检验的结果见表9-2。

表9-2 结构模型拟合优度分析

统计检验量	指标名称	适配标准	检验结果数据				模型检验结果判断
			子模型1	子模型2	子模型3	子模型4	
绝对拟合指标	RMR值	<0.08	0.028	0.026	0.036	0.036	是
	RMSEA值	<0.08	0.029	0.042	0.063	0.076	是
增值拟合指标	TLI值	>0.90以上	0.994	0.988	0.973	0.964	是
	IFI值	>0.90以上	0.996	0.992	0.981	0.976	是
简约度指标	PGFI值	>0.50以上	0.566	0.518	0.556	0.508	是
	PNFI值	>0.50以上	0.695	0.651	0.685	0.641	是
	PCFI值	>0.50以上	0.708	0.662	0.697	0.651	是

4个子模型的直接效应和间接效应检验结果如表9-3所示。子模型1的结果表明：消费者的创新感知对消费者心理所有权有正向影响；消费者的创新感知对消费者参与行为有正向影响；消费者的心理所有权对消费者参与行为有正向影响；消费者的心理所有权在消费者创新感知和参与行为间的中介效应显著。子模型2的结果表明：消费者的创新感知对消费者心理所有权有正向影响；消费者的创新感知对消费者公民行为有正向影响；消费者的心理所有权对消费者公民行为有正向影响；消费者的心理所有权在消费者创新感知和公民行为间的中介效应显著。子模型3的结果表

明：消费者的人本感知对消费者心理所有权有正向影响；消费者的人本感知对消费者参与行为有正向影响；消费者的心理所有权对消费者参与行为有正向影响；消费者的心理所有权在消费者人本感知和参与行为间的中介效应显著。子模型 4 的结果表明：消费者的人本感知对消费者心理所有权有正向影响；消费者的人本感知对消费者公民行为影响不显著；消费者的心理所有权对消费者公民行为有正向影响；消费者的心理所有权在消费者人本感知和公民行为间的中介效应显著。

表 9-3　中介效应模型的 95%置信区间

模型	路径		95%置信区间		效果
			下界	上界	
子模型 1	直接效应	创新感知-心理所有权	0.676	0.923	显著
		创新感知-参与行为	0.453	0.826	显著
		心理所有权-参与行为	0.180	0.476	显著
	间接效应	创新感知-参与行为	0.151	0.361	显著
子模型 2	直接效应	创新感知-心理所有权	0.666	0.916	显著
		创新感知-公民行为	0.141	0.520	显著
		心理所有权-公民行为	0.528	0.935	显著
	间接效应	创新感知-公民行为	0.411	0.735	显著
子模型 3	直接效应	人本感知-心理所有权	0.659	1.002	显著
		人本感知-参与行为	0.483	0.815	显著
		心理所有权-参与行为	0.208	0.475	显著
	间接效应	人本感知-参与行为	0.174	0.392	显著
子模型 4	直接效应	人本感知-心理所有权	0.642	0.972	显著
		人本感知-公民行为	−0.038	0.396	不显著
		心理所有权-公民行为	0.626	1.059	显著
	间接效应	人本感知-公民行为	0.475	0.876	显著

三、一阶段模型调节效应结构模型构建

1. 调节效应结构子模型的构建

该调节效应的结构模型里包括自变量“创新感知”，因变量“心理所有权”和调节变量“用户关怀”，同时，对调节变量和自变量进行交互项的求值，达到去中心化的目的便于研究。用户关怀的调节效应结构模型基于作用于创新感知和人本感知对心理所有作用的不同可以分为用户关怀对创新感知对心理所有作用的调节效应结构子模型和用户关怀对人本感知对心理所有作用的调节效应结构子模型。两个子模型分别见图 9-7 和图 9-8 所示：

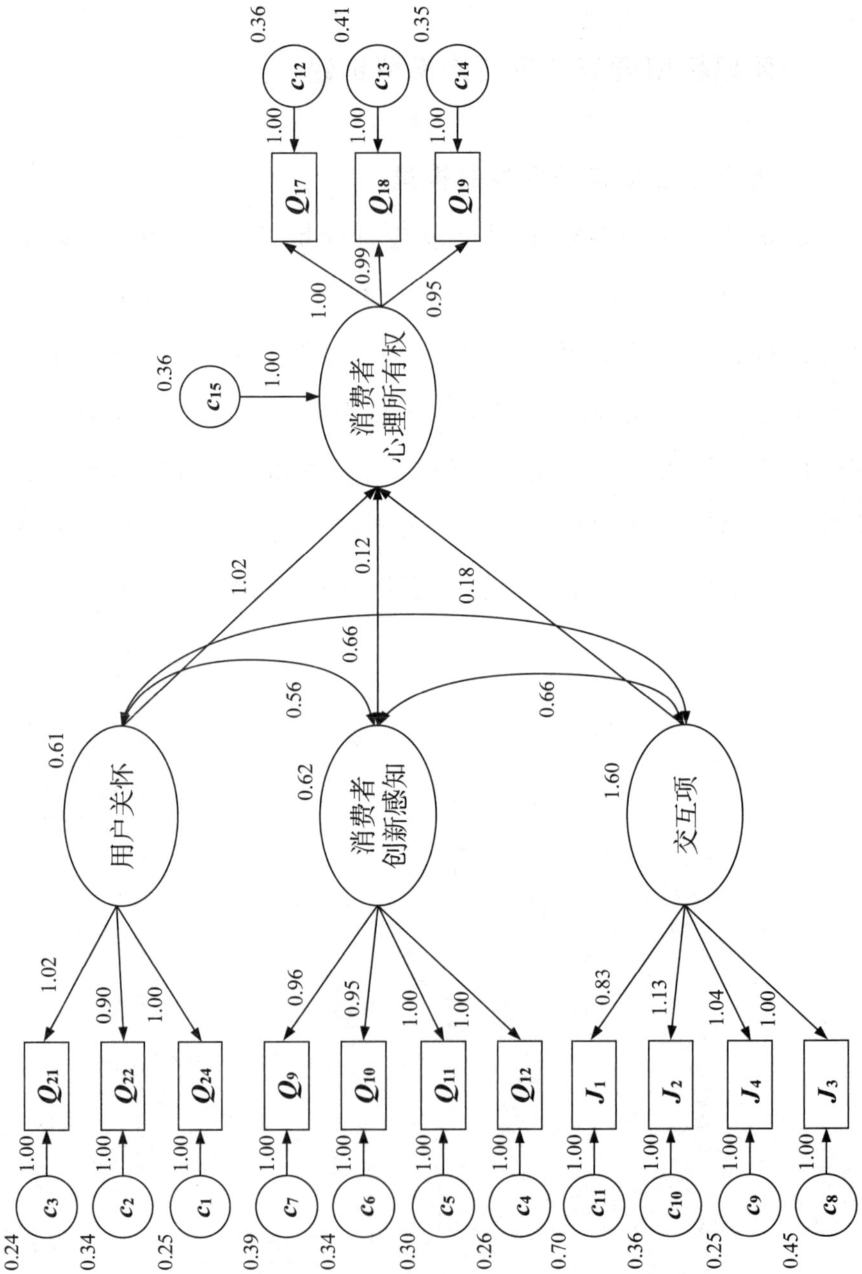

图 9-7　调节效应结构模型图

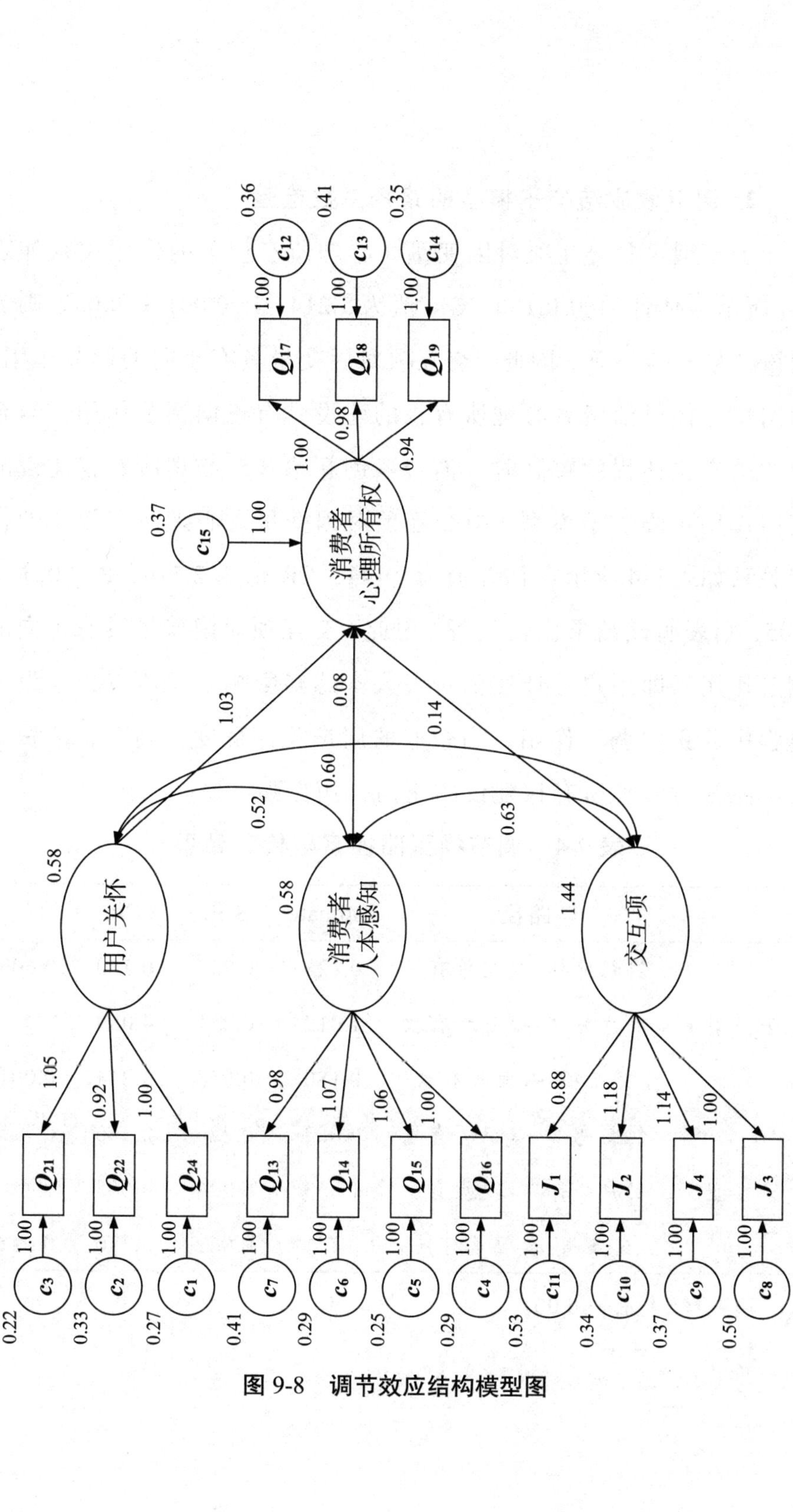

图 9-8 调节效应结构模型图

2. 调节效应结构子模型的路径系数检验

子模型4中交互项对因变量（心理所有权）的作用关系如表9-4所示：估计值为0.180，CR值为3.214，P=0.001 < 0.05。则表明该结果非常显著，因此，交互项对因变量具有正向的调节作用，即用户关怀对消费者心理所有权的建设具有正向调节作用，当企业的用户关怀程度较高时，消费者创新感知对心理所有权建设的正向作用更强。子模型4中交互项对因变量（心理所有权）的作用关系如表9-4所示：估计值为0.141，CR值为2.316，P=0.021 < 0.05，则表明该结果比较显著，因此，交互项对因变量具有正向的调节作用，即用户关怀在消费者人本感知影响心理所有权建设的过程中起正向调节作用，当企业的用户关怀程度较高时，消费者人本感知对心理所有权建设的正向作用更强。

表9-4　调节模型路径系数检验结果

	路径	Estimate	S.E.	CR	P
子模型4	创新感知-心理所有权	0.123	0.237	0.520	0.603
	用户关怀-心理所有权	1.019	0.251	4.059	***
	交互项-心理所有权	0.180	0.056	3.214	0.001
子模型5	创新感知-心理所有权	0.083	0.226	0.366	0.715
	用户关怀-心理所有权	1.033	0.226	4.565	***
	交互项-心理所有权	0.141	0.061	2.316	0.021

注：***表示P<0.001

第四节　二阶段模型的实证分析

一、二阶段测量模型拟合分析

本研究的测量变量模型如图 9-9 表示，其中 Q1-Q21 为观测变量，参与行为、公民行为、共同创造、知识转移和知识创新为潜变量。

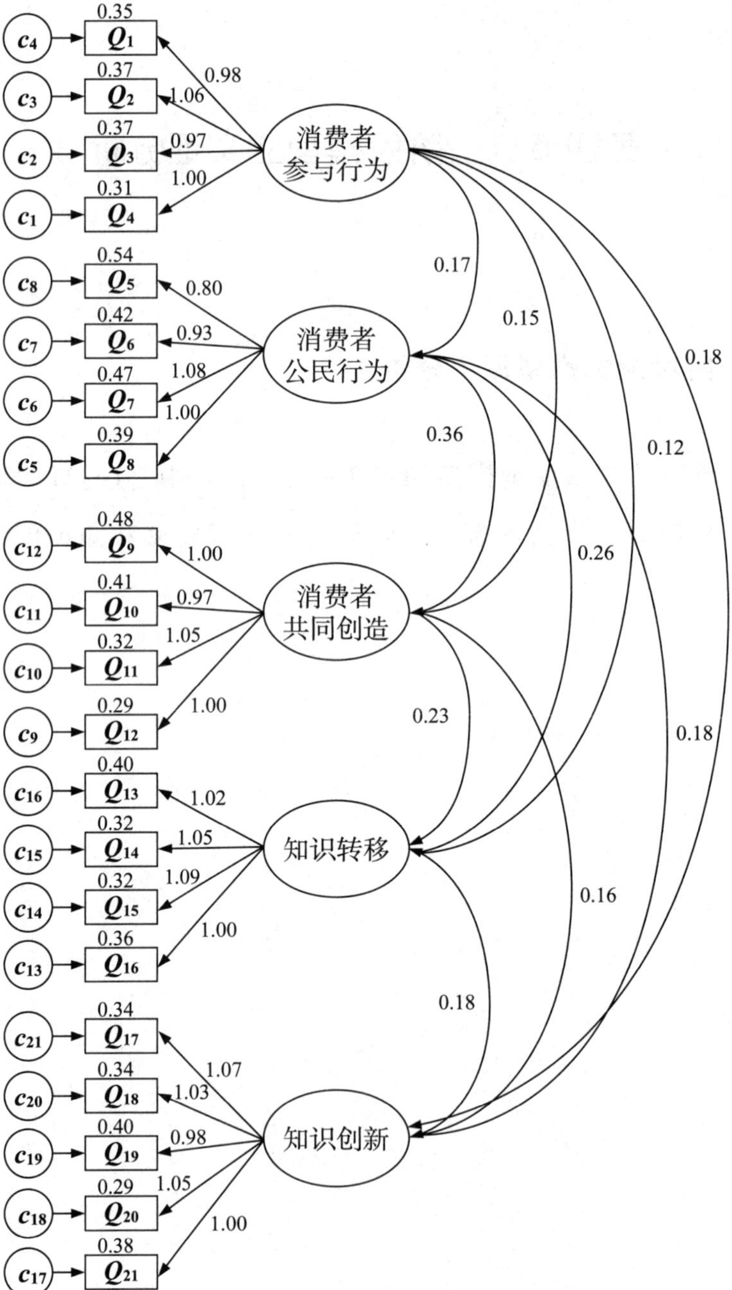

图 9-9　测量模型标准化参数估计值

消费者参与企业知识创新的测量模型的拟合优度检验和显著性检验的结果分别见表 9-5 和表 9-6 所示：

表 9-5　测量模型拟合优度检验结果

统计检验量	指标名称	适配标准	检验结果数据	模型检验结果判断
绝对拟合指标	RMSEA 值	<0.08	0.035	是
增值拟合指标	TLI 值	>0.90	0.980	是
	IFI 值	>0.90	0.983	是
简约度指标	PNFI 值	>0.50	0.800	是
	PCFI 值	>0.50	0.838	是

由表 9-6 可以看出，统计检验指标都通过了检验，表明测量模型与数据拟合度较高。

表 9-6　测量题项的显著性检验结果

			估计值	标准差	CR 临界值	P 值
Q4	←	参与行为	1.000			
Q3	←	参与行为	0.970	0.059	16.557	***
Q2	←	参与行为	1.055	0.062	17.131	***
Q1	←	参与行为	0.981	0.058	16.850	***
Q8	←	公民行为	1.000			
Q7	←	公民行为	1.083	0.071	15.199	***
Q6	←	公民行为	0.933	0.063	14.693	***
Q5	←	公民行为	0.795	0.063	12.592	***
Q12	←	共同创造	1.000			
Q11	←	共同创造	1.051	0.062	16.853	***
Q10	←	共同创造	0.966	0.063	15.369	***
Q9	←	共同创造	1.002	0.067	14.989	

续表

			估计值	标准差	CR临界值	P值
Q16	←	知识转移	1.000			
Q15	←	知识转移	1.089	0.066	16.487	***
Q14	←	知识转移	1.051	0.065	16.281	***
Q13	←	知识转移	1.017	0.066	15.324	***
Q21	←	知识创新	1.000			
Q20	←	知识创新	1.047	0.060	17.309	***
Q19	←	知识创新	0.977	0.062	15.701	***
Q18	←	知识创新	1.030	0.062	16.665	***
Q17	←	知识创新	1.067	0.063	16.884	***

注：***表示P<0.001

由表9-6可知，本章设计的21个测量题项的CR值的绝对值大于1.96，表明路径系数是显著的。同时，对应的P值小于0.05，在95%的置信区间内存在显著性差异，测量题项都能充分反映对应的潜变量，可以对结构模型做显著性检验。

二、二阶段模型中介效应结构模型构建

1. 中介效应结构子模型

知识转移在消费者参与知识创新路径上的中介模型按照中介作用路径的不同可以分为三个子模型：知识转移对消费者参与行为到知识创新的中介子模型、知识转移对消费者公民行为到知识创新的中介子模型和知识转移对共同创造到知识创新的中介子模型。三个子模型分别见图9-10至9-12所示：

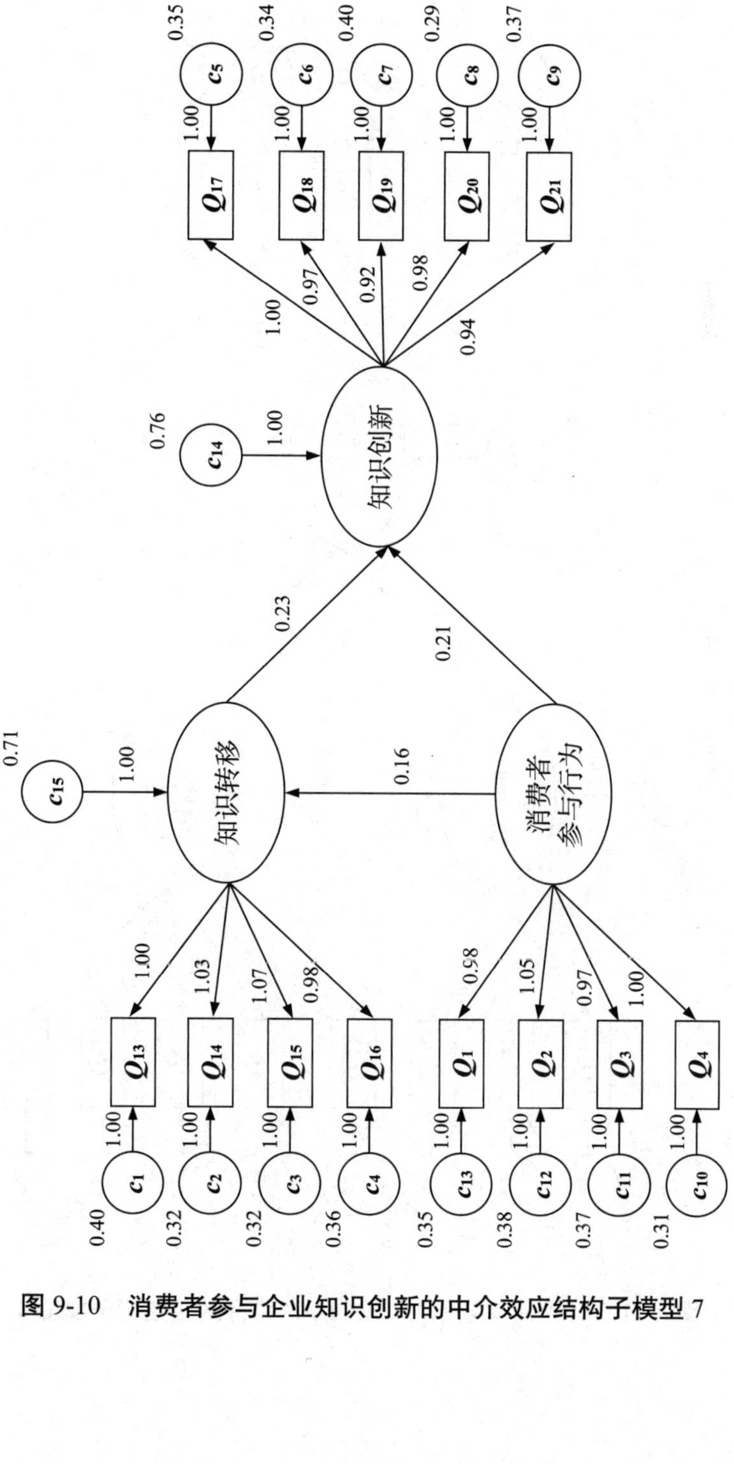

图 9-10　消费者参与企业知识创新的中介效应结构子模型 7

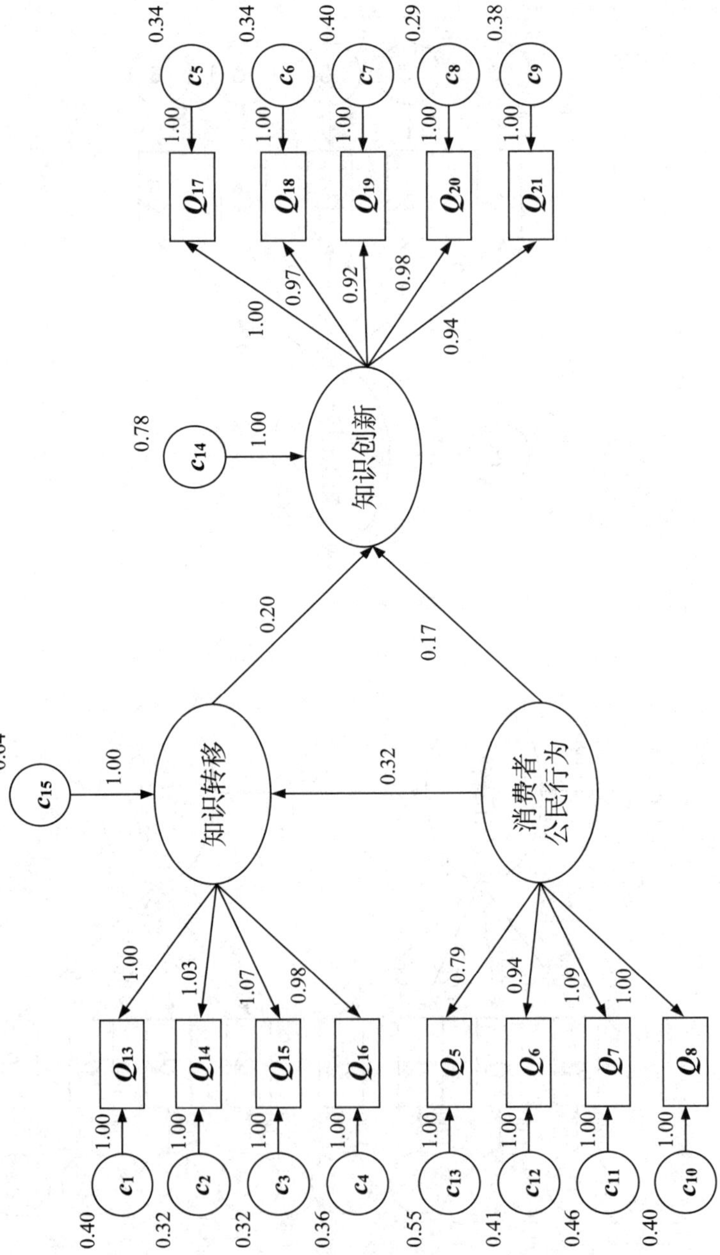

图 9-11　消费者参与企业知识创新的中介效应结构子模型 8

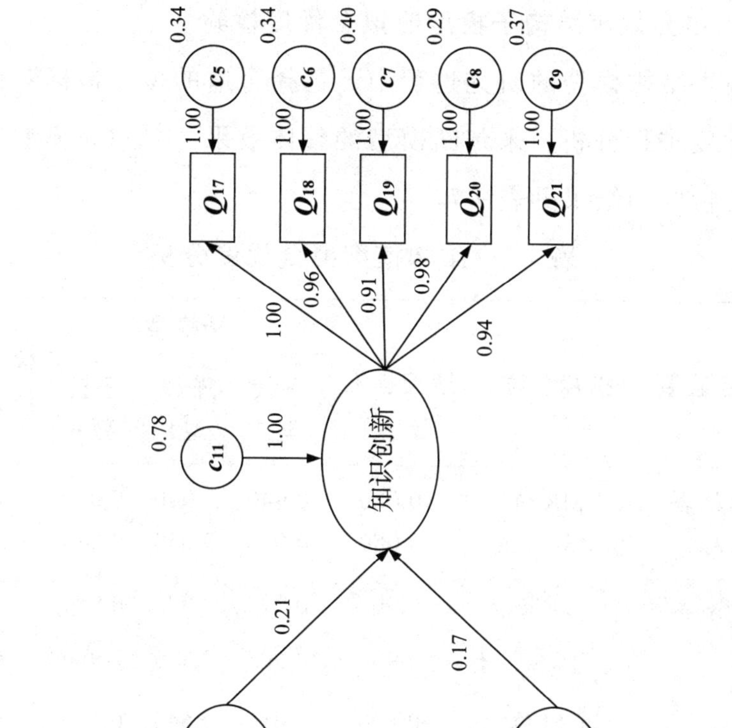

图 9-12　消费者参与企业知识创新的中介效应结构子模型 9

2. 中介效应结构子模型的拟合优度检验

在本结构模型的研究过程中，选择合适的拟合指标对模型的拟合优度进行分析，来判断模型的整体效果。对中介模型进行拟合优度检验的结果见表9-7。

表9-7　结构模型拟合优度分析

统计检验量	指标名称	适配标准	子模型			模型检验结果判断
			子模型7	子模型8	子模型9	
绝对拟合指标	RMR值	<0.080	0.040	0.040	0.040	适配
	RMSEA值	<0.080	0.030	0.050	0.043	适配
增值拟合指标	TLI值	>0.900	0.992	0.975	0.982	适配
	IFI值	>0.900	0.993	0.980	0.986	适配
简约度指标	PGFI值	>0.500	0.655	0.645	0.649	适配
	PNFI值	>0.500	0.770	0.759	0.764	
	PCFI值	>0.500	0.790	0.779	0.784	适配

从表9-8中可以看出，子模型7的结果表明：消费者的参与行为对企业知识创新有正向影响；消费者的参与行为对知识转移有正向影响；知识转移对企业知识创新有正向影响；知识转移在消费者参与行为和企业知识创新之间的中介效应显著。子模型8的结果表明，消费者公民行为对企业知识创新有正向影响；消费者公民行为对知识转移有正向影响；知识转移对企业知识创新有正向影响；知识转移在消费者公民行为和企业知识创新之间的中介效应显著。子模型9的结果表明，共同价值创造对企业知识创新

有正向影响；共同价值创造对知识转移有正向影响；知识转移对企业知识创新有正向影响；知识转移在共同价值创造和企业知识创新之间的中介效应显著。

表 9-8　中介效应模型的 95%置信区间

模型		路径	95%置信区间		效果
			下界	上界	
子模型 7	直接效应	参与行为-知识转移	0.032	0.310	显著
		参与行为-知识创新	0.087	0.358	显著
		知识转移-知识创新	0.084	0.400	显著
	间接效应	参与行为-知识创新	0.006	0.098	显著
子模型 8	直接效应	公民行为-知识转移	0.191	0.476	显著
		公民行为-知识创新	0.003	0.342	显著
		知识转移-知识创新	0.041	0.394	显著
	间接效应	公民行为-知识创新	0.015	0.158	显著
子模型 9	直接效应	共同创造-知识转移	0.180	0.489	显著
		共同创造-知识创新	0.030	0.336	显著
		知识转移-知识创新	0.061	0.377	显著
	间接效应	共同创造-知识创新	0.019	0.157	显著

价值共创情境下消费者参与企业知识创新的路径如图 9-13 所示。

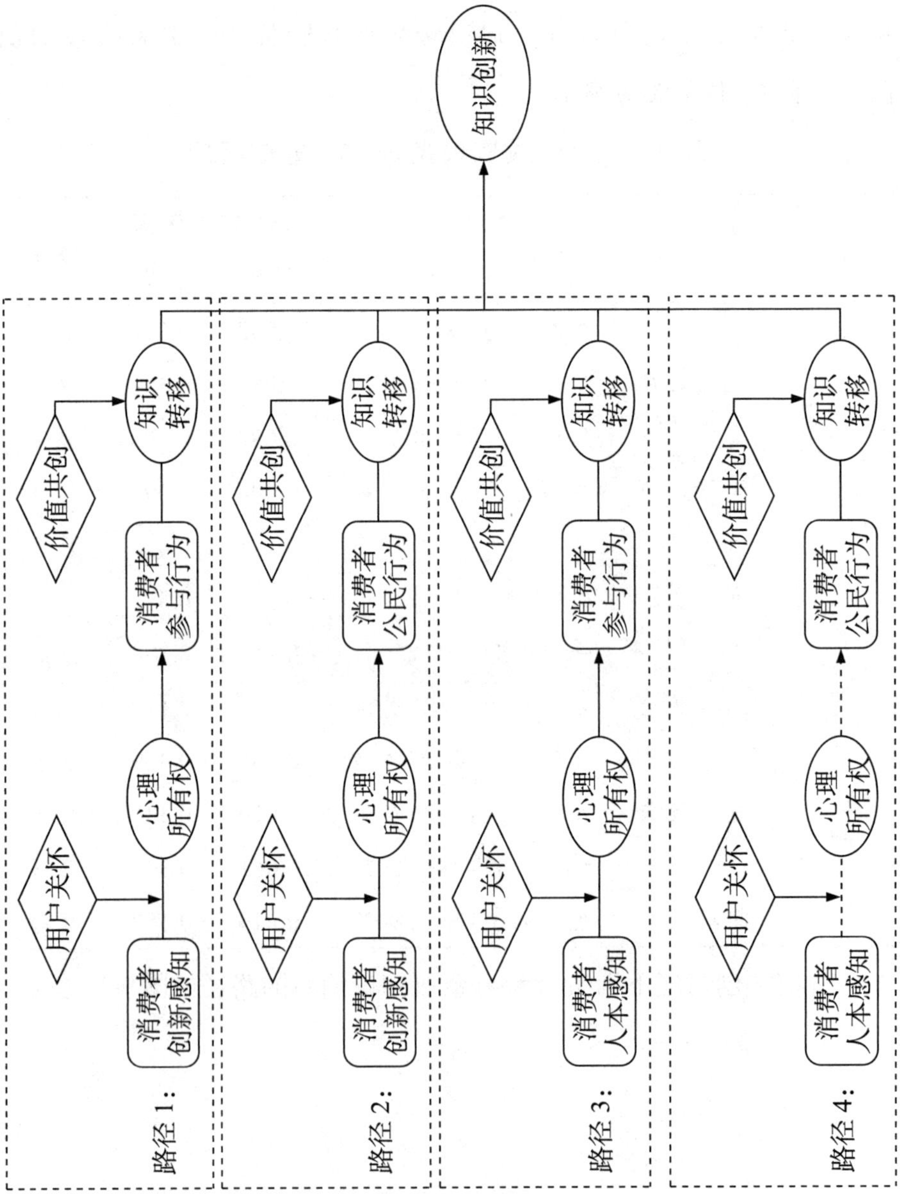

图 9-13　价值共创情境下消费者参与企业知识创新的路径

第五节　提升消费者参与知识创新隧道的对策建议

加强企业知识创新环境建设，增强消费者企业价值活动的参与。通过消费者参与企业知识创新的两阶段模型研究，消费者的创新感知对消费者参与企业的价值活动有直接和间接的正向影响关系，进而最终影响企业的知识创新活动。消费者对企业的创新感知会促使他们参与到企业知识创新过程中来。因此，消费者的创新感知是企业知识创新的重要环境，加强企业知识创新环境的建设，是企业知识创新活动有效开展的重要基础。企业与时俱进不断推陈出新，要不断拓展自己的创新边界，增加创新的主体类型，企业自身对动态商业环境的感知应该更加敏锐，进行更大范围、更多层次、更多受众的市场调查，及时捕捉商业前端形势走向和消费者的聚焦点。企业应主动降低消费者参与的门槛，拓宽创新活动维度，丰富创新活动形式，强化创新活动管理，适当添加创新活动收益，促使更多消费者参与进来，并根据创新消费者的心理特点改进创新活动，以更好地促进消费者创新感知向消费者参与企业创新过程转化。

加强企业知识创新的人本建设，促进消费心理所有权的建设。消费者的人本感知也会直接和间接地影响消费者参与企业价值活动的积极性，进而最终影响企业的知识创新活动。首先，企业在社会生产过程中不断加强自身的社会责任意识，积极承担社会责任，高标准高道德水准的企业主体往往会更受到消费者青睐和赞美，有利于促进消费者认同，培养忠诚客户。其次，企业要提高与用户沟通交流的频率和质量，提高用户关怀能力，不断地为有价值的消费者提供优厚的价值服务，通过一系列人性化、细节化、专业化、日常化的专业服务让消费者感觉到企业对其的特殊关注和关怀，可以达到提高顾客的忠诚度的目的，使顾客成为企业的拥护者和建设者，对企业产生更多认同感和依附感，促进消费者心理所有权的建设，进而促使消费者更加积极地参与到企业知识创新的过程中来。最后，企业要激发员工的积极进取精神。员工是企业管理的主体，加强企业道德建设，提高企业员工的道德素质，提升精神追求，有助于增强员工的凝聚力，调动他们的积极性，激发他们的创造性。这样员工才能更好地发挥能动性，站在企业角度对话消费者；才能更积极地弘扬企业文化，更充分地了解消费者需求，为消费者提供更好的服务，从而赢得消费者认可，反哺企业价值及企业形象。

加强企业知识创新的能力建设，提升消费者的知识分享意愿。企业应当将用户资源融入到企业的创新战略系统，企业必须采取相应的举措，吸引消费者参与创新，分享自己的知识。企业应积极建立与用户的深度沟通，强化用户交互在企业发展中的作用。企业应开通消费者的信息收集渠道，积极地与用户建立长期沟通模式，充分倾听消费者的意见和建议。企业可以通过互联网技术建立用户群聊，购买企业产品或服务的消费者可以通过产品包装上的二维码加入群聊，企业也应当安排可以胜任的员工担当管理员管理群聊，从而与消费者有效互动。企业可以通过发放优惠券，赠送产品小样，或者获得定期会员资格以及新产品试用名额来激励消费者参与互动，分享自己的使用经验，以及自己的偏好、期望等信息。除此以外，企业也可以通过向使用过企业的产品或服务的人发放调查问卷来了解相关信息从而改进产品或服务，如华为公司就会使用互联网技术向有华为账号的消费者发放服务改进调查问卷来不断改进自己的产品或服务。当然，企业也可以提供一些激励措施来提高消费者回答的意愿。

加强企业知识创新的渠道建设，做好消费者知识的顺利转移。消费者参与到企业的互动中便会不自觉地将自己对企业产品或服务的期望、自己的喜好、兴趣等知识同企业分享，导致发生知识转移行为，这能够助力企业扩充自己的知识储备，促进知识创新。企业要擅长使用当今消费者青睐的社交平台，例如：微信、微博、小红书等，与消费者做朋友，构建信任纽带，并通过平台渠道让消费者深层次地参与到产品或服务的开发过程中。想要诱发消费者的知识转移意愿，让知识转移行为顺利发生，企业必须不断地完善与消费者进行信息沟通的平台，企业可以设置专门的岗位，安排专门的人员来管理和维持平台的高效运行。同时企业也要制定一些平台运行规则以及平台秩序以营造良好的发言环境，给与消费者信任、温暖的体验，从而使消费者产生对社区的归属感，产生想要转移知识的意愿。同样重要的是，企业应当不断地改善平台使用体验，增加个性化，形成属于自己的独特的平台，避免同质化。企业也应丰富知识转移渠道，这样才能提高与外部主体知识整合和交流的频率，最终达到知识转移的高效顺畅。

第六节　本章小结

数字经济下高度的互联互通使得独享、个体和垂直的三大权利正在向包容、社会和水平的状态转变，企业的创新边界逐渐模糊，企业处于一个完全开放的创新生态中。企业的外部创新变得尤为重要，在创新过程中企业对外部知识的依赖性显著增强。知识的获取、转移、共享和管理已成为现代企业实现技术创新和获得竞争优势的必要条件。消费者作为企业利益相关者的重要组成部分，其自身的知识是企业外部知识获取的重要渠道。基于此，如何让消费者参与企业的知识创新对于企业在边界模糊的开放生态中获得可持续的竞争优势至关重要。本章从消费者的知识生产和知识转移两个阶段提出了消费者参与企业知识创新的两阶段模型，分别为消费者参与企业价值活动模型和消费者参与企业知识创新模型。通过研究得出了如下的结论：

一阶段的消费者参与企业价值活动孵化模型研究表明：消费者参与企业价值活动的方式有消费者的参与行为和消费者的公民行为。消费者参与企业价值活动的路径如下：正向的消费者的创新感知和消费者的人本感知有利于消费者参与企业的价值活动。正向的消费者的创新感知和消费者的人本感知通过消费者心理所有权的建设加强了消费者参与企业的价值活动。用户关怀正向调节了消费者的创新感知（消费者的人本感知）与消费者心理所有权的关系。通过消费者参与企业价值活动路径模型的构建，为企业推进消费者参与其价值活动提供了有针对性的对策和建议，为二阶段消费者参与企业知识创新从知识生产和知识转移意愿的维度奠定了基础。

二阶段的消费者参与知识创新孵化模型研究表明：消费者参与行为、消费者的公民行为、消费者与企业的共同创造都与企业的知识创新是正相关关系。知识转移在消费者参与行为，消费者的公民行为，消费者与企业的共同创造和企业知识创新之间起着中介作用。消费者通过线上或线下渠道参与企业的用户社群，在用户社群中发表自己的看法，这些看法有产品使用体会、自己使用产品或服务的经验、自己对企业产品或服务的期望、自己的偏好、兴趣等信息同企业分享，从而发生知识转移活动，这些关于消费者的信息使企业产品或服务的改进及创新行为能够落地，从而让企业的创新更具市场价值。

第十章

企业知识创新隧道的结构体系

在新一轮科技革命与制造业发展模式转变的历史交汇期，本章首先分别从创新性、产能度、融合度、政策效率以及产业链位置等五个维度提出了我国制造业面临的大山模型（WSHSL 模型）。接着，在 WSHSL 模型的处理中，以产业环、创新环以及知识环三环交织形成隧道建设的动力引擎，以供给侧结构改革，科技金融的发展，知识产权的管理以及企业的立体开放式的格局构成隧道建设的强大支撑，以有效市场和有为政府的结合以及互联互通的融入构建隧道的照明系统和通风系统。再次，针对隧道建设的“五力”进行分析。最后，从参与主体的多元化、行为模式的科学化以及作用环境的生态化进行了制造业科技创新治理体系的构建。

第一节　知识创新隧道的主体结构

一、隧道建设的动力引擎

隧道建设的动力引擎主要由产业环、创新环以及知识环三环交织的动力引擎组成。在产业环节，首先做好相关的产业分工的深化，随着人工智能大数据的发展，传统的产业边界已不是很清晰，产业之间的融合和交叉越来越明显。因此，在做好产业分工，要基于产业边界不清晰的情形下做好产业分工的深化工作。产业分工的深化所增加的中间环节即使价值的新的增长点，也为技术创新和经济增长提供了新的空间。产业链的延伸主要是在产业链处于中间环节的基础上，要向产业链上游的研发设计环节和下游的售后服务环节延伸，产业链的链端正是产品的增加值部分主要发生位置。产业融合发展主要是先进制造业和现代服务业融合，形成了“制造+服务”的生产格局，最终通过服务差异化实现制造差异化，通过服务创新实现制造创新，改善供给质量，实现差异化竞争，有效提高企业盈利能力。产业生态的构建是实现制造业的 IEH 系统，即制造业的智能化、人本化和生态化。产业生态要摆脱原有的要素投入的生产模式，建立环境、安全、人本、质量、智能的标准去设置企业的转型模式，最终实现产业生态。

在创新环节，首先要做好创新环的起点工作：原始创新能力的培育。要基于现实的重大需求凝练问题，重视基础研究，形成核心原创的原始创新，同时注意创新的应用，并且注意技术的有效转移，形成大规模的工业应用，以原始创新促进工业发展。在创新格局的布置方面，形成单体系和群体系的配比，企业在做好自身原创核心攻关的基础上，加入企业群，发挥创新的规模效应。创新网络的构建主要是构建科技、产业、企业、市场、产品、业态以及管理等方面的关系网络，不断完善“政、产、学、研、金、服、用”相结合的自主创新网络体系，使创新网络的覆盖和联动性增强。最后，创新生态的构建主要从创新平台的建设、创新机制的建设、创新方向的选择、创新风险的分担以及创新利益的共享机制着手进行。

在知识环节，伴随着研发服务成果的交付，研发服务机构与所服务的制造企业的关联关系相继中断。在后期研发服务指导企业应用实践的过程中，制造企业对研发服务成果的知识掌握程度薄弱，孤立无援，研发服务成果的利用率水平偏低，服务于制造企业的创新能力更是雪上加霜。基于此，制造企业和研发机构的彼此信任遭到质疑与破坏，形成恶性循环，使得研发服务的科技服务能力和制造企业的创新能力处于瓶颈阶段。

在间接网络效应“硬—软”范式的理论框架下，为克服由于研发机构和制造企业知识对接存在断裂所导致的研发服务瓶颈，从知识有效转移和知识深度应用两方面为研发服务配置了知识环结构。在 $t = 0$ 时，研发成果交付，研发服务的特性使得知识转移路径不畅，转移绩效偏低，大量的隐性知识被滞留。此时，知识的有效转移成为知识环的起点。研发成果交付后，知识的控制权使得研发服务的知识应用偏弱，知识扩散的足迹模糊以及知识的创新力度不足，此时，进入知识吸收和知识挖掘的步骤。最后，建立研发服务机构与制造企业的合作伙伴关系，确保研发服务的知识顺利转移以及知识的全面深度应用，并进行知识的传承和知识的在创新，一方面提高研发服务的科技服务能力，另一方面提升制造企业的自主创新水平，进入知识环的终端即形成知识工程。当然，知识工程并不是终点，它会进入下一轮的知识转移中，提升双方的创新能力和服务能力。

二、隧道支撑建设

隧道支撑的建设主要包括四大支柱：供给侧结构改革，科技金融的发展，知识产权的管理以及企业的立体开放式的格局。四大支撑之间的关系为：供给侧结构改革为基础环节，承载重量最大，是支撑作用得以发挥的承重柱；在供给侧结构改革的基础上，需要科技金融的辅助，科技金融为供给侧改革的进行起到了杠杆作用；知识产权的完善为隧道的顺利建设提供了知识保护，规范了科技的边界，并且在科技边界内最大化地实现科技创新；最后，立体式的开放为隧道的建设高度提供了制高点，直接推进了制造业向 IEH 系统的迈进。

2018年政府工作报告中将“发展壮大新动能”和“加快制造强国建设”列为供给侧改革任务前两位，加快制造业升级，培育经济新动能。供给侧改革的内容重点实现“供给侧+结构性+改革”三位一体的融合，以改革为抓手，推进结构调整，增强供给结构对需求变化的适应性和灵活性，在减少无效供给和低端供给的同时扩大有效供给和中高端供给，使供给体系与需求结构实现高度的吻合性和同步性。科技金融是科技创新体系的重要组成部分，其涉及到的主体主要有政府、企业、市场、社会中介机构等，通过科技创新融资过程干预，达到有效促进科技开发、成果转化和高新技术产业发展的目的。

知识产权战略是国家的长期发展战略，有助于提升国家竞争力。具体到制造业的发展，知识产权为智力成果完成人的权益提供了法律保障，调动科技创新主体活动的积极性和创造性。行业知识产权战略要在优先发展的产业重点推进行业知识产权战略。对科技成果的推广应用提供了法律机制，为科技创新成果转化为生产力，实现经济效益和社会效益提供了重要载体。企业的知识产权战略应当遵循市场经济的规律，引导企业增强其知识产权创造、利用、管理与经营能力。制造业的发展离不开立体式的开放模式，体现在开放的广度和开放的深度上。制造业实现高质量的发展，不能闭门造车，要把走出去与引进来充分地结合起来，实现双向的资源流通，提升资源配置效率。要充分利用好国内和国际的资源，完善与国际对接的相关准则，以合作共赢的理念更高层次地融入全球产业链、创新链和价值链。

三、隧道外围建设

隧道的外围建设主要集中于照明系统和通风系统的建设，制造业的创新隧道的外围建设的照明系统主要是有效市场和有为政府的结合，有效市场和有为政府的结合为创新隧道的建设把握了前进的方向。通风系统主要为互联互通的融入，互联互通的融入为制造业的创新隧道与外界的联系搭建了通道，更好地实现立体式的开放，将更多的信息通过通道融入进隧道的建设。

首先，在照明系统的设计上，有为政府和有效市场的结合的模式应体现为市场主导与政府引导的相结合模式。发挥市场在资源配置中的决定性作用，政府以引导和维护的模式介入其中，一方面发挥政府在加强政策引导方面的作用，另一方面，在维护相关的市场秩序，完善规章制度方面，更好地服务于市场主导作用的发挥方面起着至关重要的作用。强化企业市场主体地位，坚持企业的技术创新组织、技术创新投入、技术创新决策以及技术创新成果转化四个主体地位。

其次，在通风系统的设计上，要将互联互通的模式融入制造业的创新隧道建设中。工业互联网是制造业实现数字化、网络化、智能化的重要载体，是传统产业实现产业结构升级，发展先进制造业的重要推动力量。应构建和加强工业互联网的建设，推动互联网、大数据、人工智能和制造业实体经济的深度融合。互联网与实体经济的融合机制应从双向的视角去审视，在互联网推动制造业的发展路径上，其主要的作用模式为网络的发展，使得制造业配置资源的广度、深度和精准度方面都有所提升，衍生出了有利于制造业发展的新技术与新商业模式，并且互联网作为联通纽带，内部联通了产业链的各个环节，外部实现了跨领域的互联互通，为产业的融合发展提供了较好的条件。在制造业推动互联网的发展路径上，制造业赋予了互联网实体化的机能，联通了网络从虚拟到实体经济的桥梁，为我国的网络强国的发展制造了较好的条件。具体的制造业的创新隧道建设模型见图 10-1。

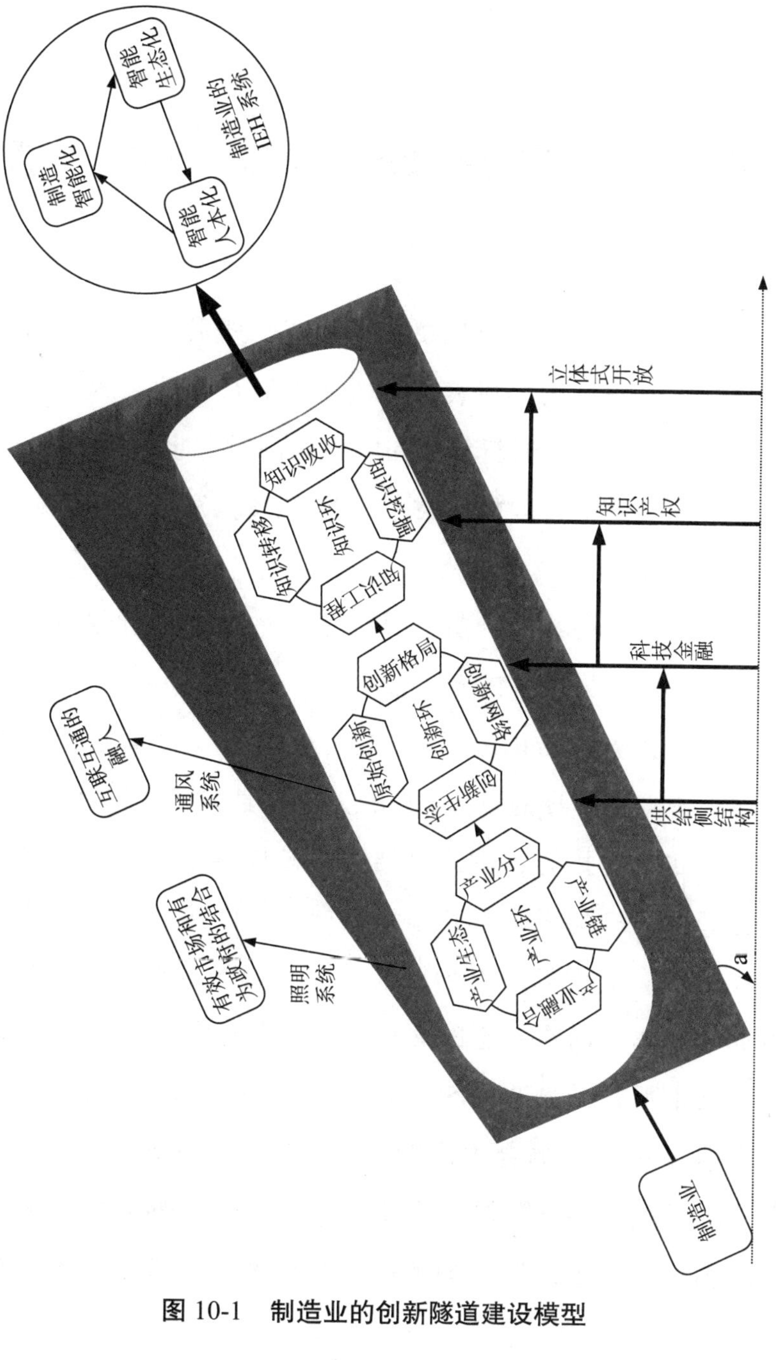

图 10-1　制造业的创新隧道建设模型

第二节　知识创新隧道建设的“五力”分析

针对制造业的“移山”模型，我们此处引入山体结构与平面之间的夹角α，α的大小代表着制造业不同行业的技术创新水平和能力。当行业的技术创新水平和能力较高时，此时的α较小，意味着行业的价值链攀升的幅度较小，当α较大，意味着行业的价值链攀升的幅度较大。

在“移山”模型中，有五种力量在做合力进行创新隧道的建设以及价值链的攀升，F_1为动力引擎（产业环、创新环和知识环）的推力，F_1的方向沿山体平行向上。F_2为动力引擎（产业环、创新环和知识环）本身的重力，F_2的方向垂直向下。F_3为支撑力，具体表现为四大支撑力：供给侧结构、科技金融、知识产权以及立体式的开放，F_3的方向垂直于地面向上。F_4为拉力，具体表现为两大拉力：有效市场和有为政府的结合以及互联互通的融入，F_4的方向与山体方向有一定的夹角，定义夹角为β。F_5为阻力，具体表现为前面所提到的WSHSL模型，F_5的方向垂直向下。

分析五种力量的合力影响，首先在垂直于地面的垂直方向，有一个向下的动力引擎的重力F_2，有一个向上的支撑力F_3，在做垂直方向的合力加成时，如果向上的支撑力F_3要小于向下的重力

F_2，由于动力引擎本身的重力就会导致本身负重太大，此时就会产生（F_2-F_3）/$\sin\alpha$的阻力，与F_5形成合力，阻碍动力引擎的动力。因此，我们要确保向上的支撑力F_3要大于向下的重力F_2，此时就会产生（F_2-F_3）/$\cos(\frac{\pi}{2}-\alpha)$的动力，与$F_1$形成合力，推动动力引擎的持续进展。

有效市场和有为政府的结合以及互联互通的融入两大拉力F_4的融入，可以在动力方向上融入$F_4/\cos\beta$的力，助力动力引擎的前进。F_5沿山体向下方向的分力为$F_5/\sin\alpha$。

五种力量最终形成的动力合力为：

$$F_1+(F_2-F_3)/\cos(\frac{\pi}{2}-\alpha)+F_4/\cos\beta-F_5/\sin\alpha$$

因此，要推进制造企业的价值链的攀升，实现制造业的 IEH 系统，要针对不同的行业（α）去制定相应的政策建议，要充分考虑产业环、创新环和知识环的动力以及本身的制度交易成本，充分做好供给侧结构、科技金融、知识产权以及立体式的开放的支撑布局，配置好有效市场和有为政府的结合以及互联互通的融入力度和融入方向，最终克服 WSHSL 模型所带来的的阻力，以强大的动力去推动制造业创新隧道的建设，去推进“移山”工作的开展，最终实现价值链的攀升。

第三节 知识创新隧道的系统结构

创新驱动发展的基本框架以产业链的位置为出发点，分析产业链的结构和优势，从竞争优势和技术优势的来源来识别和定位企业的竞争优势。在识别产业优势的基础上，技术创新是创新驱动发展的关键环节。首先要明确技术创新的形式、目标和核心，然后重点研究技术突破的实施、组织和核心。技术创新的最后一个阶段是识别技术创新失败的类型、失败的原因和自主创新过程中的障碍。创新链条配置是创新驱动发展的重要环节。创新链的配置包括创新发展战略、科技创新核心资源、科技创新合作研究与创新问题和科技创新交易市场。技术创新和创新链的配置需要技术创新投入和金融资金的补充，包括研发投入、社会资本和金融信贷。财政科技基金包括公共技术平台建设、高水平研发平台建设和科技项目支持。创新驱动框架的输出是新产品的开发、产品附加值的提高和市场地位的确立。具体制造企业创新驱动发展框架如图 10-2 所示：

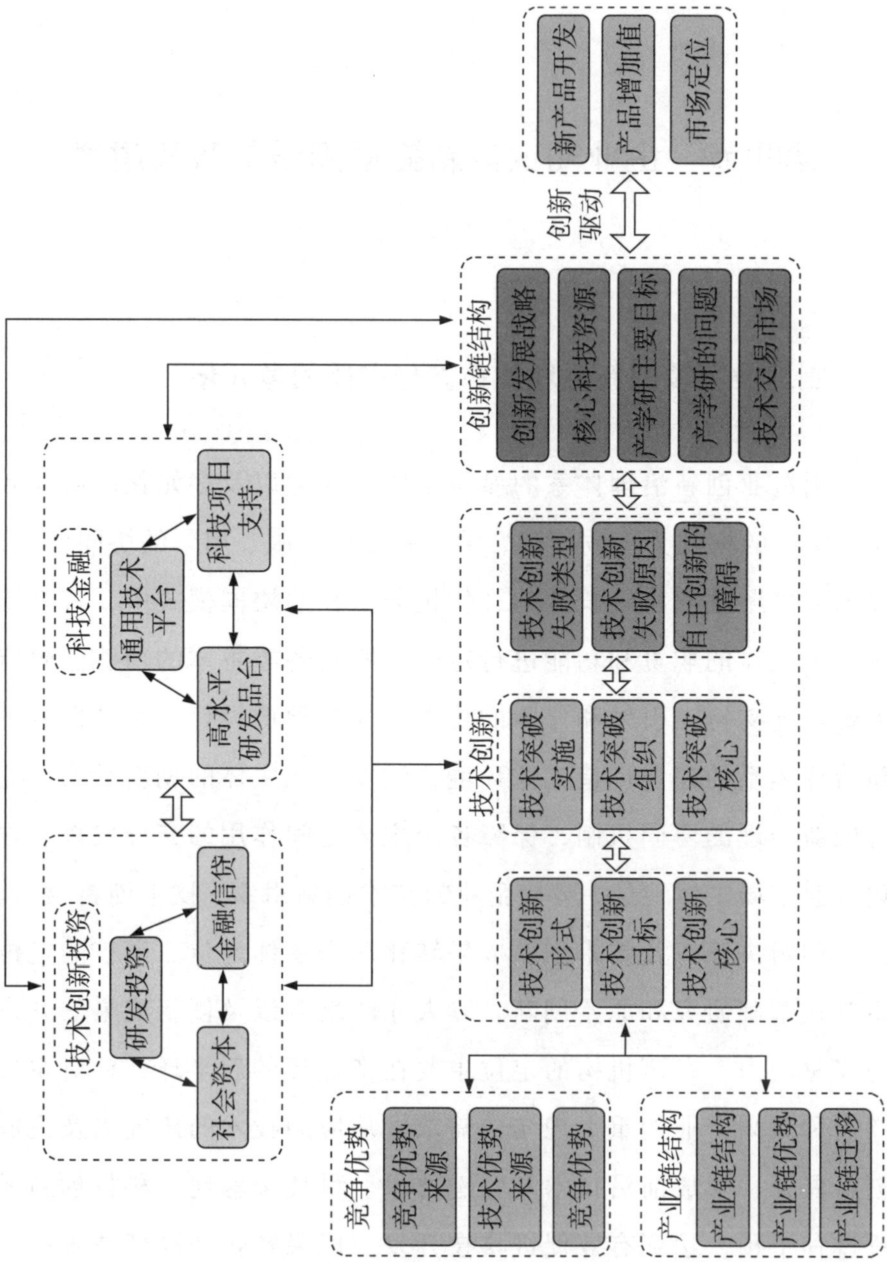

图 10-2　技术创新驱动企业发展战略管理体系结构

第四节　企业知识创新隧道建设的政策建议

一、制造业科技创新治理体系参与主体的多元化

制造业创新治理体系的参与主体多元化以及多元化的协同效应，主要的模式为“政、产、学、研、金、服、用”的协同模式，实现多主题之间稳定长效的合作机制。在此协同模式中，首先要对各个主体的职责和功能进行定位，明确各类主体的功能。政府主要发挥支持、引领和保障的功能，加强顶层设计，为制造业创新治理体系的建设创造支撑环境，激发多元主体的创新活力，完善创新治理的协同机制，保障各个主体之间作用的充分发挥。强化企业市场主体地位，坚持企业的技术创新组织、技术创新投入、技术创新决策以及技术创新成果转化四个主体地位。高校的定位主要在基础研究和原始创新，以人才的培养以及创新成果的开发为双驱动力。科研机构的定位主要在产业环的后半环，针对主导产业和新兴产业的重大现实的需求，从应用技术的研究以及集成创新展开，形成前沿技术和关键技术。科技金融通过科技创新融资过程干预，达到有效促进科技开发、成果转化和高新技术产业发展的目的。科技服务业和科技成果转移转化是科技成果转化为

生产力的“最后一公里”，科技服务业要形成专业化、产业化以及品牌化，形成完善的科技成果转换机制，提升科技成果的市场绩效，为制造企业突破发展瓶颈，实现结构换挡，从“制造”到“智造”的现实选择。通过参与主体之间的协同效应，为制造业高质量发展提供动力源泉。

二、制造业科技创新治理体系行为模式的科学化

着力打造“区域创新+平台创新+技术创新+制度创新”四位一体的科学创新治理体系模式。在区域创新方面，打造区域创新格局，形成区域科技创新中心，形成科技创新重点融合的产业集群，建立产业链创新服务样板工程，建立创新型试点区域布置。在平台创新方面，应该采取对重大创新平台的引进工作，针对区域重点产业建立培育中心，建设重大科技创新载体和成果转移转化平台。在技术创新方面，要基于现实的重大需求凝练问题，加强基础研究，形成核心攻关和原始创新，做好技术的有效转移，形成大规模的工业应用，以原始创新促进工业高质量的发展。在制度创新方面，围绕制造业创新治理体系多元化的主体，政府应该从人才培养及评价、项目申报与评审标准、机构改革、科技成果转化办法等方面协同处理好高校、科研机构、科技金融、科技成果转化等多主体间的协同效应。

三、制造业科技创新治理体系环境的生态化

制造业科技创新治理体系环境的生态化采取“保护+惩戒+包容”的模式。保护模式主要针对的是对知识产权的保护，通过知识产权服务体系的完善，切实保护创新主体的创新源动力，调动科技创新主体活动的积极性和创造性。惩戒模式主要是建立公平公正公开的创新环境，建立科技创新的诚信与人本准则，将大数据应用于监督与管理环节，实现过程的透明性和可控性。包容的模式是包容失败，要为科技创新提供良好的创新环境，为创新的实施建立试错机制，不对科研人员的创新设限，最大化地鼓励创新，形成更多的原始创意，提升创新水平。

四、构建良好产业生态

要在区域内搭建公共平台，通过政府监管连接上下游企业，延伸产业链，推动低碳经济和循环经济发展。合理布局产业格局，促进产业转型升级。加强与供应链上游企业的质量和实力关系，增强产业链与供应链之间的协同效应。统筹规划各细分行业的产业结构，充分发挥龙头企业在产业链结构中的带动辐射作用。加强产业链各产业环节之间的供给关系强度，实现产业链本地化配套。 鼓励自主研发，推动技术创新。企业要增强自主创新能力，以实施国家科技重大专项为契机，突破制约企业发展的核心关键

技术。关注客户对产品创新的需求，关注行业最新动态和最新技术，加大技术创新投入，推动产品不断升级，积极研发差异化高端产品，增强自身竞争力。推动产品智能化发展，注重企业专利申请。

五、加强“产学研”平台建设，促进合作创新

政府建立相应的公共技术平台，促进产学研深度合作。企业要把握技术和产业机遇的关键方向，以企业为主体，坚持产学研应用相结合，完善创新体系，增强创新能力，集中资源，在核心关键技术上取得突破。鼓励和推动产业先进企业组建产业技术创新联盟。通过产学研合作、联合研发，以新产品、新材料、新技术、新方法的开发和应用为基础的技术创新，可以将科研机构或高校的先进技术引入生产过程，促进企业生产过程的技术改进，增强企业在市场上的竞争力。加强创新人才培养引进，完善行业人才体系。围绕企业急需的技术领域，建立技术人才交流平台，争取国家重大人才发展项目对产业人才队伍建设的支持。以重大项目为支撑，建立相应的高端人才培养引进机制。加快职业培训机构建设和发展，大力培养专业技术人才和行业研发人才，重点培养高水平复合型人才，提高全行业人才的工作素质。

第五节　本章小结

目前，在新一轮科技革命与制造业发展模式转变的历史交汇期，我国制造企业正处于由“制造”到“智造”的转型过程中，要实现“制造大国”向“制造强国”的转变。要实现制造业的智能化，智能人本化以及智能生态化，技术创新成为转型过程中核心资源，但目前我国制造业的发展存在着一些亟待解决的突出问题，影响和制约了我国制造业的高质量发展。

在WSHSL模型的处理中，以产业环、创新环以及知识环三环交织形成隧道建设的动力引擎。产业环从产业分工的深化、产业链的延伸、产业的高度融合以及产业生态的构建四方面形成闭环。创新环从原始创新、创新格局、创新网络及创新生态四方面形成闭环。知识环从知识转移、知识吸收、知识挖掘以及知识工程形成闭环。以供给侧结构改革、科技金融的发展、知识产权的管理以及企业的立体开放式的格局构成隧道建设的强大支撑，以有效市场和有为政府的结合以及互联互通的融入构建隧道的照明系统和通风系统，构成了隧道建设的外围建设。

最后，针对隧道建设的“五力”进行分析。不同行业的制造业的山体模型与水平面形成夹角，在坡度的方向上，对引擎动力、引擎自重、大山阻力、四大支柱的支撑力以及外围建设的拉力五种力量进行力的合成和分解，最终得出引擎动力的数学模型。据此从参与主体的多元化、行为模式的科学化以及作用环境的生态化进行了制造业科技创新治理体系的构建。

参考文献

[1] Katz ML, Shapiro C. Network externalities, competition and compatibility[J]. The American Economic Review,1985,75(3):424-440.

[2] Chen J, Chen Y, Vanhaverbeke W. The influence of scope, depth, and orientation of external technology sources on the innovative performance of Chinese firms[J]. Technovation, 2011, Vol.31,No.8,PP.362-373.

[3] WANG, Y., WU, G.S..(2001). Research on the cause and transfer mechanism of sticky knowledge in industry-university-research cooperation. Scientific Research Management, Vol. 22,No.6,PP.114-121.

[4] JinXu,MengqiHe,YingJiang(2022). A novel framework of knowledge transfer system for construction projects based on knowledge graph and transfer learning[J]. Journal of Knowledge Management,Vol.199,No.1,116964.

[5]Srisamran,P.,Ractham,V.V..(2020). Impact of knowledge adoption and cognitive learning in the knowledge transfer process[J]. International Journal of Knowledge Management, Vol.16, No.3,PP.1-16.

[6] Dennis B.Arnett,C. MichaelWittmann,John D.Hansen. A process model of tacit knowledge transfer between sales and marketing [J]. Industrial Marketing Management,No.93,PP. 259-269.

[7]Miles I. Knowledge intensive business services: Prospects and policies[J]. The Journal of Future Studies, Strategic Thinking and Policy, 2005(7): 39-63.

[8] Von Hippel E. “Sticky information” and the locus of problem solving: implications for in-

novation[J]. Management Science, 1994,40(4):429-439.

[9] Gosain S. Mobilizing software expertise in personal knowledge exchanges[J]. The Journal of Strategic Information Systems, 2007, 16(3): 254-277.

[10] Williamson OE. The economic institutions of capitalism[M]. New York:Free Press,1985.

[11] Parasuraman A, Zeithaml VA, Berry L. Refinement and Reassessment of the SERVQUAL Scale[J].Journal of Retailing,1991:45-56

[12] Hauknes J, Knell M. Embodies knowledge and sect oral linkages: An input- output approach to the interaction of high- and low- tech industries[J]. Research Policy, 2009, 38(3): 459-469.

[13] Castald C, Faber J, Kishna MJ. Co-innovation by KIBS in environmental services: a knowledge-based perspective[J]. International Journal of Innovation Management, 2013, 17(5): 1-17.

[14] Szulanski G. Exploring internal stickiness: Impediments to the transfer of best practice within the firm[J]. Strategic Management Journal, 1996, 17(S2): 27-43.

[15] 赵续，刘国新，孔超. 基于系统动力学的知识粘滞转移策略研究[J]. 武汉理工大学学报(信息与管理工程版)，2012，(06):802-806.

[16] Simonin BL. Ambiguity and the process of knowledge transfer in strategic alliances[J]. Strategic Management Journal, 1999, 20(7): 595-623.

[17] 王毅，吴贵生. 产学研合作中粘滞知识的成因与转移机制研究[J]. 科研管理, 2001, 22(6): 114-121.

[18] Müller E, Zenker A. Business services as actors of knowledge transformation:The role of KIBS in regional and national innovation systems [J]. Research Policy, 2001, 30 (9): 1501-1516.

[19] Zhang Y, Li H. Innovation search of new ventures in a technology cluster: The role of ties with service intermediaries[J]. Strategic Management Journal, 2010, 31(1): 88-109.

[20] Goh SC. Managing effective knowledge transfer: an integrative framework and some practice implications[J]. Journal of Knowledge Management, 2002, 6(1): 23-30.

[21] 蔡翔, 李翠, 郭冠妍. 团队内部粘滞性知识共享的模型构建与管理对策[J]. 科技进步与对策, 2009, 26(7): 139-142.

[22] Woodruff RB, Cadotte ER, Jenkins RL. Modeling consumer satisfaction processes using experience-Based Norms[J]. Journal of Marketing Research, 1983 ,8: 296-304.

[23] Johnston R. The zone of tolerance:Exploring the relationships between service transactions and satisfaction with the overall service[J]. International Journal of Service Industry Management, 1995, 6(2): 46-62.

[24] 郭国庆, 孟捷, 寇小萱. 顾客容忍区理论评述及扩展管理评论及扩展[J]. 管理评论, 2004, 16(08): 32-42

[25] Levin D Z, Cross R. The strength of weak ties you can trust: The mediating role of trust in effective knowledge transfer[J]. Management Science, 2004,50(11):1477-1490.

[26] Cummings J L, Teng B. Transferring R&D knowledge: the key factors affecting knowledge transfer success[J]. Journal of Engineering and Technology Management, 2003,20(1):

39-68.

[27] Oldham G.R., Cummings A. Employee Creativity: Personal and Contextual Factors at Work[J]. The Academy of Management Journal,1996, 39(3):607-634.

[28] Cohen W.D., Levinthal A.. Absorotive Capacity: A New Perspective on Learning and Innovation[J]. Administrative Science Quarterly, 1990, 35:128-152.

[29] Zahra S.A., George G.. Absorptive capacity: A review,receptualization and extension[J]. Academy of management review, 2002, 27(2):155-203.

[30] Granovetter M. The strength of weak ties[J]. American Journal of Sociology, 1973,78 (6):1360-1380.

[31] Uzzi.B.Social Structure and Competition in Interfirm Networks:The Paradox of Embeddedness[J]. Administrative Science Quarterly,2010,42:35-67.

[32] Cummings J L, Teng B. Transferring R&D knowledge: the key factors affecting knowledge transfer success[J]. Journal of Engineering and Technology Management, 2003,20(1): 39-68.

[33] Gulati R. Network location and Learning:The influence of network resources and firm capabilities on alliance formation[J]. Strategic Management Journal,1999,20(5)：394-420.

[34] Lee,J.Y., Taras,V., Jiménez,A., et al. Ambidextrous Knowledge Sharing within R&D Teams and Multinational Enterprise Performance:The Moderating Effects of Cultural Distance in Uncertainty Avoidance[J]. Management International Review, 2020, 60(3): 387-425.

[35] 钟熙, 王甜, 付华. 内部人身份感知与员工知识共享的关系研究[J]. 科研管

理,2020,41(7):181-187.

[36] Bowen,D.E.. The changing role of employees in service theory and practice: an interdisciplinary view[J]. Hum. Resour. Manage. Rev.,2016,26 (1), 4-13.

[37] 郭梦瑶, 张丽华, 朱嫣婷. 领地性对员工创新行为的影响机制[J].经济管理, 2020(5):88-92.

[38] Mayer,J. D., Salovey,P.. Emotional Intelligence [J]. Imagination Cognition & Personality, 1990, 9(6): 217-236.

[39] Goleman,D.. Social Intelligence: The new science of human relationships[M]. Bantam Books: New York. 2006.

[40] Jap, S. D., & Ganesan, S.. Control mechanisms and the relationship life cycle: implications for safeguarding specific investments and developing commitment. Journal of Marketing Research, 2000,37(2): 227-245.

[41] Constant, D., Kiesler,S., Sproull, L.L.. What's mine is ours,or is it? A study of attitudes about information sharing[J]. Information Systems Research,1994,5(4):400-421.

[42] 潘伟, 张庆普. 感知的知识所有权对知识隐藏的影响机理研究—基于知识权力视角的分析[J]. 研究与发展管理,2016,28(3):25-35.

[43] Frow,P., Nenonen,S., Payne,A., Storbacka,K.. Managing co-creation design: a strategic approach to innovation[J]. British Journal of Management,2015,26(3):463-483.

[44] Fornell,Claes. A national customer satisfaction barometer:the Swedish experience[J]. Journal of Marketing, 1992, 56(1): 6-21.

[45] 肖阳,谢莉莉.客户关怀构成因素与关系质量的影响研究[J].管理科学,2012, 25(6):75-85.

[46] 迟铭,毕新华,徐永顺. 治理机制对顾客参与价值共创行为的影响[J]. 经济管理,2020,42(2):144-159.

[47] Bonner, O.M.. Customer interactivity and new product performance: Moderating effects of product newness and product embeddedness[J]. Industrial Marketing Management, 2010 (39):485-492.

[48] Gruen T W. The outcome set of relationship marketing in consumer markets[J]. International Business Review, 1995, 4(4):447-469.

[49] Bettencourt L A. Customer voluntary performance: Customers as partners in service delivery[J].Journal of Retailing, 1997, 73(3):383-406.

[50] Groth M. Customers as Good Soldiers: Examining Citizenship Behaviors in Internet Service Deliveries[J]. Journal of Management, 2005, 31(1):7-27.

[51] 李清政,徐朝霞. 顾客共同生产对服务创新绩效的影响机制—基于知识密集型服务企业在 B2B 情境下的实证研究[J].中国软科学,2014,(8):120-130.

[52] 王永贵, 高忠义等. 创新顾客社区的运行机制及其管理研究[J].管理评论, 2008,2(1):108-112.